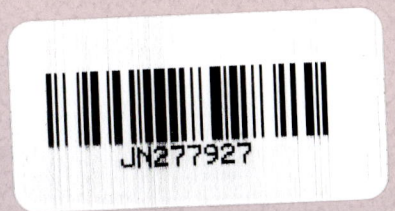

シリーズ●安全な暮らしを創る 14

# 郷土の恵みの和のおやつ

河津由美子

コモンズ

## はじめに——伝えていきたい！　我が家のおやつレシピ

昔は、「食育」なんてことさら言うこともありませんでした。親も適当に子どもに食べさせていた気がします。子どものころ、嫌いなものが食卓にあがると「イヤだ」と食べなかった私。それでも母はまったく気にしないで、また次の食事のときに作って出すという繰り返しで、気がつけば苦手なものも食べられるようになっていました。それは、実は適切な配慮だったのではないでしょうか。だから、親は子どもにこびることなく、その土地で採れたものを大いに利用して、自分の手で作ればいいのだと思います。

おやつも同じです。おやつとはなんだろうと、あらためて考えてみました。三食きちんとした食事を摂っていればとりたてて必要はないけれど、おやつには人の心を和ませ、ホッとさせる「なにか」があると思います。幼いある日、家に帰ると母が留守で、テーブルの上にふかしイモが置いてありました。それを見たとき、「お母さんはあなたのことは忘れていないよ。今日はこれでかんべんしてね」という母の気持ちが伝わってきて、自分は大切にされているんだなと実感したものです。スナック菓子を買うお金を置いておくのではなく、手作りしたおやつを用意する。たとえふかすだけでも、自分の手で作ることに変わりありません。

働くお母さんが一般的になったいまでは、毎日のおやつ作りはむずかしいでしょう。でも、週に一度や二度なら、ちょっと頑張れませんか？

この本は、和のおやつ、郷土のおやつ、付録としてアジアのおやつの3章からなっています。和のおやつは「焼くおやつ」「蒸すおやつ」など調理方法ごとに分け、郷土のおやつとアジアのおやつは地域ごと・国ごとに分けました。基本レシピも合わせて、全部で119のおやつを紹介しています。

また、お金があればなんでも手に入る飽食の時代、生活習慣病予備軍やアレルギーの子どもが増えてきました。それにともなって、食を見直そうという機運が高まっています。そこで、食育や食の安全性など、多くの方々が関心のあるテーマを7つのコラムにまとめました。

材料の量はあくまでも目安で、多少違ってもおいしくできるレシピにしたつもりです。砂糖の量は一般より少なめにしていますし、幅をもたせたものもありますので、味をみて好みで調節してください。強烈な甘味はない代わりに、素材の甘味を生かした飽きのこないやさしい甘さが味わえるように工夫してあります。

なお、1ページ1レシピが基本ですが、よく似たおやつは2つ以上収めたところもあります。そして、パッと見て作り方がわかるように、イラストを多用しました。

いずれも、家にふつうにある食材を使い、素材を大事にした、時間がかからないレシピです。忙しい方も料理の苦手な方も、きっと満足していただけると自負しています。郷土の恵みに感謝しつつ、あなたも和のおやつ作りを始めてみませんか。そのなかで、自分なりの発見があったり、工夫してみたくなったりしたら、こんなにうれしいことはありません。このレシピ集をたたき台にして、あなたのオリジナルレシピを開拓し、「うちのおやつ」を残して、子どもや孫に伝えてあげてください。

また、一般にアレルギー物質といわれている、小麦、そば、卵、乳製品、大豆製品について、レシピの材料に＊をつけて表示しました。参考にしてください。

最後になりましたが、食の安全性についてわかりやすく教えてくださった環境ジャーナリストの天笠啓祐さん、地元でともに活動している八王子学校給食を考える会の皆さん、かわいらしいイラスト・装丁を手がけてくださった日高真澄さんに感謝申し上げます。また、レシピ完成までの長期間をがまん強く待ち、適切なアドバイスをくださった高石洋子さん、『自然の恵みのやさしいおやつ』に引き続き、本書の出版を快諾してくださったコモンズの大江正章さん、担当の大江孝子さんに、厚くお礼申し上げます。

2006年春

河津由美子

CONTENTS

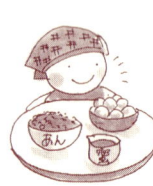

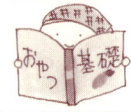

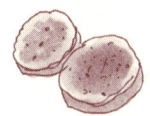

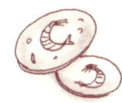

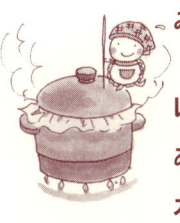

# CONTENTS

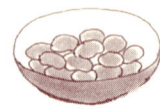

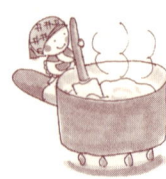

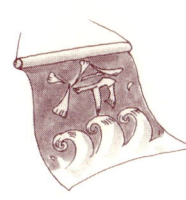

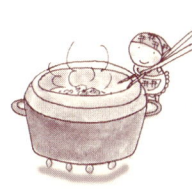

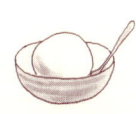

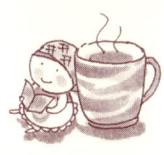

## CONTENTS

## 第3章　作ってみようアジアのおやつ　113

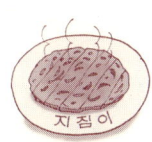

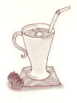

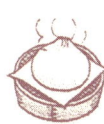

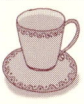

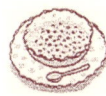

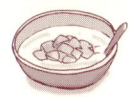



カバー・本文イラスト　日高真澄

# おやつ作りの基礎知識

和のおやつを作るうえで知っておきたい用語や、あると便利な調理用具・器具をまとめました。洋菓子だけに必要なものは省いてあります。本文中でわからないことが出てきたら、このページを開いて参考にしてください。

## 知っておきたいお菓子用語

### 生地（たね）

材料を混ぜ、加熱して仕上げる前の状態。クッキーなら固形、お好み焼きなら液状。

### サックリ

おもにゴムべらなどで混ぜるとき、へらをぐるぐる回して練るのではなく、切るような感じで混ぜること。

### 角《つの》が立つ

卵白の泡だて状態。泡だて器で持ち上げると、先が角のようにピンと立つこと。生クリームを泡だてる際も使う用語。

### ねかせる（休ませる）

生地をひとまとめにして一定時間置き、混ぜた材料をなじませること。作るものによって、涼しいところ、室温、温かいところ、冷蔵庫内と、置き場所は異なる。

### ひとつまみ

とても少量で計量できないときに使う表現。人差し指と親指でつまんだ量。

### ふるい入れる

粉ふるい器を通して直接、作りかけの生地が入った容器の上から、粉や砂糖などをふるって入れること。

### メレンゲ

卵白に砂糖を入れてよく混ぜ、固く泡だてたもの。

### 手粉

生地を伸ばしたり丸めたりするとき、台やめん棒にくっつかないように軽く振る、小麦粉や片栗粉のこと。生地と同じ種類の粉でよい。

### あら熱を取る

やっと手でさわれるくらいまで冷ますこと。

### 室温に戻す

冷蔵庫に入っている卵やバターなど冷たい材料を室内に置き、常温（23度くらい）にしておくこと。

### ダマになる

粉をふるわずに入れたり、混ぜ不足だったりして、ところどころ粉の固まりができること。なめらかにしないとよい生地ができない。

### クツクツ

鍋を火にかけて煮ているとき、中の材料が少し動いている状態。

### シュワシュワ

火にかけている鍋やフライパンの中の材料が、少し泡だつ状態。

### もったり

サラッとしているのではなく、少し粘りがある状態。

## おやつ作りにそろえたい調理用具

### 泡だて器

材料を混ぜ合わせたり泡だてたりするのに必要で、おやつ作りに欠かせない。使うボウルの直径と泡だて器の長さが同じくらいだと使いやすい。力がかかるので、丈夫なステンレス製のものがおすすめ。

### 片手鍋

厚手の中くらい(直径 15 cm)の鍋が便利。ホーローが一般的だが、打ち出しの雪平鍋(ふたのない中くらいの深さの鍋)でもよい。大量にゆでたり長時間煮る場合以外は、片手鍋が使いやすい。

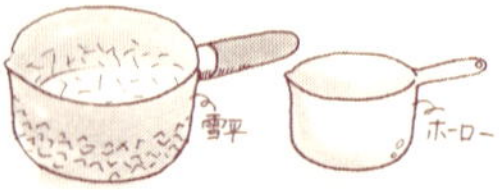


### 金ザル

プラスチックではない、しっかりしたステンレス製なら、ぬれぶきんを敷き込んで蒸し物にも使える。あん作りの際は、こし器代わりにもなる。

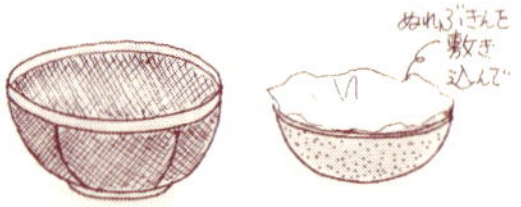


### ストレーナー(万能こし器)

こしたり、裏ごししたり、粉をふるったり、多目的に使える。力が入るので、持ち手がしっかりとした作りの頑丈なものがおすすめ。

### キッチンペーパー

水気や油を吸い取らせたり、油を薄くひくときに便利。

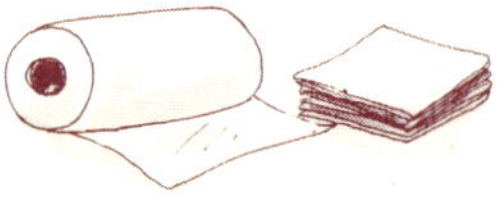

### クッキングシート(ペーパー)

蒸し物、オーブン料理、電子レンジ、鍋などに直接敷き込んで使うと、器具に材料がこびりつかないので、汚さずに使用できる。型に合わせてカットすれば、ケーキ型に敷き込んだり、紙の落としぶたとしても使える。

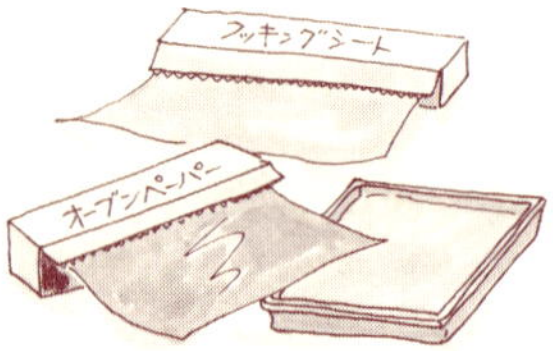


### オーブンペーパー

表面が加工してあり、オーブン皿(天板)にのせて何度でも洗って使える丈夫な紙のようなもの。

### 粉ふるい

ダマにならないよう均等に粉をふるうもの。

## 計量スプーン・計量カップ

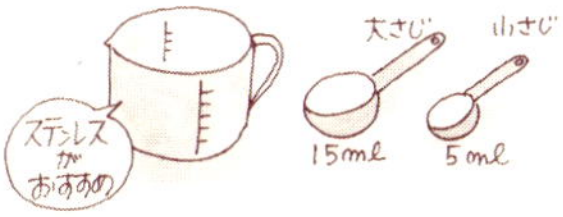


大さじ、小さじはそろえたい。すり切りが正確な1杯。計量カップは200 ccでも500 ccでもよいが、熱いものを計るとき環境ホルモンが溶け出す危険性があるので、プラスチックは避けてステンレスを選ぼう。

## ゴムべら（または木べら）

生地をサックリ混ぜる、ボウルの中身をきれいにムダなく取るなど、いろいろに使えて便利。シリコン製のゴムべらは200度まで使える。

## 流し缶

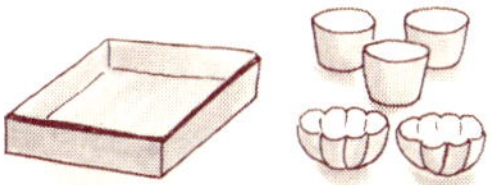

四角い流し缶は中くらいの大きさ（15～17 cm）で、ほぼ正方形が便利。ようかんや寒天寄せにも使え、きちんとした角ができて、きれいに仕上がる。ステンレスのゼリー型やプリン型もいくつかそろえたい。ミニ蒸しパンやミニようかんの型としても使える。

## ハケ

生地についた余分な粉を払ったり、生地に卵をぬったりするのに使う。あまり安いとすぐに毛が抜けたりコシがなかったりするので、ほどほどの値段・質のものを。

## バット

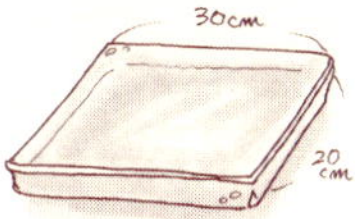


あん作りや生地をねかせるときに便利。30×20 cmくらいが使いやすい。

## ボウル

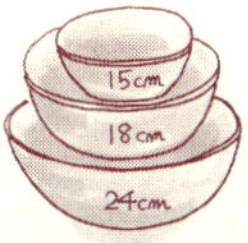


直径15、18、24 cmの3種類あるとよい。泡だて器でガチャガチャと泡だてたりと傷つきやすいので、少し高くても丈夫なものを。電子レンジに入れる場合は、電子レンジ対応の耐熱ボウルで。ステンレス、ホーロー製は電子レンジ不可。

## 蒸し器

蒸すおやつに欠かせない。ふだんの料理にも使える。新たに購入するなら、直径20 cm以上で2段（上段に蒸すもの、下段に水を入れる）になっているものがおすすめ。

## めん棒

生地を均等に伸ばす。素材を砕くときにも使える。

COLUMN

# 素材選びのポイント

## 地場産を使い、遺伝子組み換え作物は避ける

手作りおやつの一番のポイントは素材選び。とくに、この本ではあまり手を加えない簡単にできるレシピが中心ですし、野菜や果物を多く使っているので、素材にはこだわりたいですね。まず優先するのは住んでいるところの近くで栽培されたもの(地場産)で、それが手に入らなければ国産を選ぶことです。

「遠いところで栽培されたもの、とくに輸入品の場合は、輸送中の品質保持のために収穫後に農薬(ポストハーベスト、日本では認められていない)が使われていたり、くん蒸(食材を密封して殺虫消毒する)が行われていたりします。どう考えても体にいいはずがありません。以前ピカピカに光ったグレープフルーツをいただいたとき、食べる気にならずそのまま置いておいたら、半年間も腐らなかったんですよ」(環境ジャーナリスト・天笠啓祐さん)

自然な状態で腐らない食べ物などありえません。近くで採れたものなら防腐剤など使いません。その代わり傷みは早いですから、食べる分だけ買って、新鮮なうちに使いきりましょう。

また、国産といっても農薬が使われている場合もあります。「無農薬」や「有機栽培」などの表示を見たり、そうした素材を扱う生協や共同購入団体の利用も心がけてください。

もうひとつ注意が必要なのは遺伝子組み換え作物です。現在、日本では、菜種・大豆・トウモロコシ・綿の4種類が認められています。

「遺伝子組み換え作物は、遺伝子を操作して除草剤や殺虫剤に強い種に作り変えています。人類の長い歴史上でその栽培は始まったばかりですから、人体への影響は未知。10年先、20年先にどんな影響が出てくるか、誰にもわかりません」(天笠さん)

菜種やトウモロコシは油、油製品の原料です。しかし、マヨネーズやマーガリンも含めて表示義務はありません。紅花油、米油、ヒマワリ油などで代用しましょう。「菜種油を使うときは、遺伝子組み換え作物の使用を排除している生協や自然食品店などで購入するのが無難」と、天笠さんは教えてくれました。

# 第1章

# 体にやさしい和のおやつ

つぶつぶ感とほんのりした甘さを楽しむ

# 小豆粒あん

【材料】できあがり約 800 g 分

小豆 300 g（カップ $1\frac{3}{4}$ 強）／グラニュー糖 330 g（カップ 2 弱）

〈作り方〉

①豆は洗って鍋に移し、豆がかぶるくらいの水を入れ、強火にかける。沸騰して水が赤錆び色になり、アクが出てきたら、いったん豆をザルにあげ水気を切る。再び新しい水に替えて強火にかける。この作業を 2 回繰り返す。

②アクの抜けた豆を鍋にもどし、再び豆がかぶるくらいの水を入れ、強火にかける。沸騰したら弱火にしてふたをし、豆が指でつぶれるくらいまで途中水をさしながら、常に豆に水がかぶるようにして煮る。

③さらしまたはふきんを敷き込んだザルに柔らかくなった豆をあけ、水気を切っておく。

④鍋に豆を移し、グラニュー糖を加え中火にかける。砂糖が溶けて水分が多い場合は、ふたを取ってクツクツ煮る。水分が少なくなってきたら、焦げないようにゆっくりと底のほうから木べらで混ぜ練りあげる。

⑤水分が飛んで少しポッテリとした感じになってきたら火を止め、バットか大皿に少しずつ落として冷ます。冷めると少し固くなるので、ゆるめで火を止めたほうがよい。

**ちょっと一言**

- 本来のあんの作り方とは違う簡単なレシピを紹介しました。味が変わらない限り、手順・材料を省いています。
- ②の煮る時間は豆の新しさによってだいぶ異なります。「指でつぶれるくらい」を目安にしてください。
- 団子に、ぜんざいに、どら焼きに、アイスクリームに、ちょっと添えるだけで和のテイストが味わえる粒あん。時間のあるときに、ぜひ手作りしておきたいものです。冷蔵庫で約 1 週間、小分けにして冷凍すれば、1～2 カ月もちます。
- 小豆を買って長く（1 カ月以上）置いておくと、いくら煮ても芯まで柔らかくなりません。豆は早めに使いきりましょう。

## さらっとした舌ざわりが最高

# 小豆こしあん

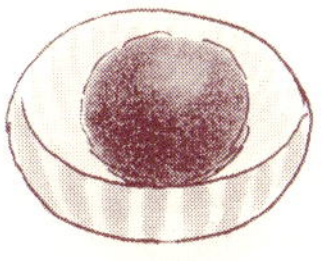

【材料】できあがり約 800 g 分

小豆 300 g（カップ $1\,^{3}/_{4}$ 強）／グラニュー糖 300 g（カップ $1\,^{3}/_{4}$ 強）

〈作り方〉

※豆が煮あがるまでは小豆粒あんと同様に作る。

①豆が煮あがったら鍋を火からおろし、大きめのボウルの上に目の粗いザルを重ね、豆を1カップくらいずつザルに入れてはおたまの背などでよくつぶし、上から水をかけて豆のでんぷんを下のボウルに流し落とす。ザルに残った皮は捨てる。鍋の中の豆をこのようにして全部こす。

②①でボウルにこしたあんを、さらに目の細かいこし器（粉ふるいなど）を通して、水をかけながらこす（この作業によって、さらになめらかなあんになる）。

③ザルに大きめのふきんを敷き込み、②を流してあんを受け、四隅をまとめて固くしぼり水気を取る。

④③を鍋に移し、グラニュー糖も加えて、中火で焦がさないようにフツフツした状態を保ちながら煮て、水分がかなり飛んだら、中火のまま木べらで練っていく。

⑤あんをすくってそっと落とし、その先が三角に立つようになったら、火からおろす。すぐに少量ずつバットに小分けにし、並べて冷ます（短時間で均一に冷ますことが大切なので、鍋のまま冷まさないこと）。

### ちょっと一言

粒あん同様、和のおやつの万能選手。ラップに分けて包み、平らにして冷凍しておけば、2～3カ月もちますし、使いたいとき解凍していつでもすぐ使えます。

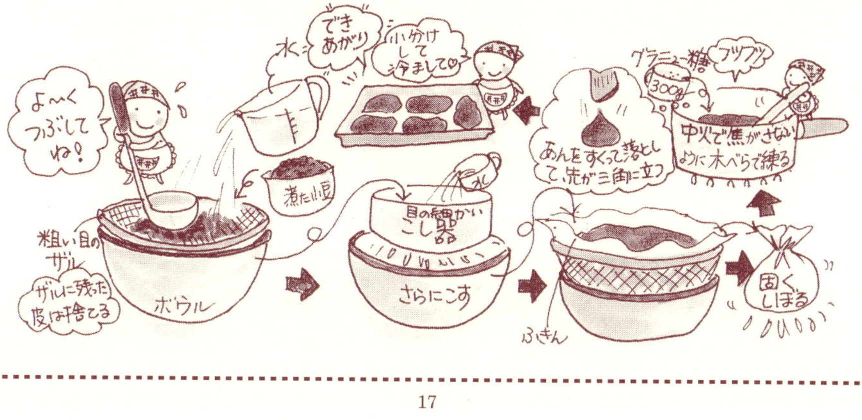

### あん作りが面倒な人にぴったり

# 小豆の甘煮

【材料】できあがり 800〜850 g 分

小豆または大納言小豆 200 g(カップ $1\frac{1}{5}$ 弱)／砂糖 200 g(カップ 2 弱)／水 500 cc(カップ $2\frac{1}{2}$)／塩ひとつまみ

〈作り方〉

①豆は水に浸しておく（急ぐときはすぐに煮はじめてもかまわない)。

②たっぷりの水で豆を強火で煮たて、水が赤錆び色になってアクが出てきたらザルにあけ、水を替えて再び強火で煮る。

③沸騰してきたら火を弱めてふたをし、コトコト豆が柔らかくなるまで静かに煮る（煮崩れないように注意。約 20 分)。

④柔らかくなった豆はそっとザルにあけ水気を切る。

⑤砂糖、水を鍋に入れ、中火にかけて砂糖を煮溶かし、2〜3 分煮詰める。

⑥⑤に水気を切った豆をそっと入れ、煮たったら火を弱めて紙の落としぶたをし、コトコト静かに煮る（約 20 分)。

⑦煮汁が半分になり､豆が顔を出すくらいになったら塩をひとつまみ入れ、少し鍋をゆすって味をゆきわたらせ、火を止める。そのまま冷まして、甘味を含ませる。

### ちょっと一言

- 冷蔵庫で 1 週間ほど保存可能です。それ以上保存する場合は、小分けして冷凍庫へ。約 1 カ月もちます。
- そのまま食べてもおいしいです。粒あん、こしあんの代わりにも利用できて、作るのはとても簡単。便利な一品です。
- 煮る時間は豆の新しさによって異なりますので、目安と考えてください。
- 大納言小豆はふつうの小豆よりひと回り大きく、値段も高め。豆の形を大切にしたい粒あんや甘煮などに最適なのですが、つぶして皮を捨ててしまうこしあんの場合はふつうの小豆で十分です。

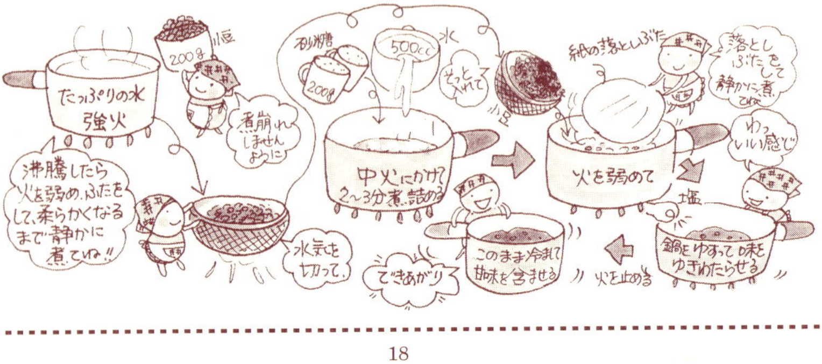

みつ豆や豆寒天に欠かせない

# 赤えんどう豆の塩ゆで

【材料】どんぶり1杯分くらい

赤えんどう豆150g（カップ1）／重曹小さじ1／塩小さじ1

〈作り方〉

①豆は洗って鍋に入れ、たっぷりの水と重曹を入れサッと混ぜ一晩置く。

②そのまま中火にかけ沸騰してきたら火を弱め、5分ほどコトコト煮る。アクが出るので一度ゆでこぼし、豆を洗う。

③再び鍋にたっぷり水をはって豆を入れ、中火で沸騰させて火を弱め、静かに煮る。

④皮は少し固めでも中がほっくりした状態になるまで煮る（20分くらい）。煮すぎると豆が煮崩れてしまうので、こまめに見て注意する。

⑤煮汁を豆が隠れるくらいの量に調節し、塩を加えそのまま冷ます。

⑥塩味がしっかり染み込んだら（5～6時間くらい）、ザルにあけて煮汁を切り、使う分だけ冷蔵庫に入れておく。残りは粒がくっつかないようバットに平らに広げて冷凍し、凍ったらビニール袋などに入れて冷凍庫で保存する。

**ちょっと一言**

冷凍で1カ月くらいもちます。使うときは使う分だけ15分くらい前に出し、室温でもどしましょう。

そのままでもつい手が伸びるおいしさですし、みつ豆や豆寒天、豆大福などに使うと、和のテイストがグッとアップする一品。ぜひ作りおきしておきましょう。

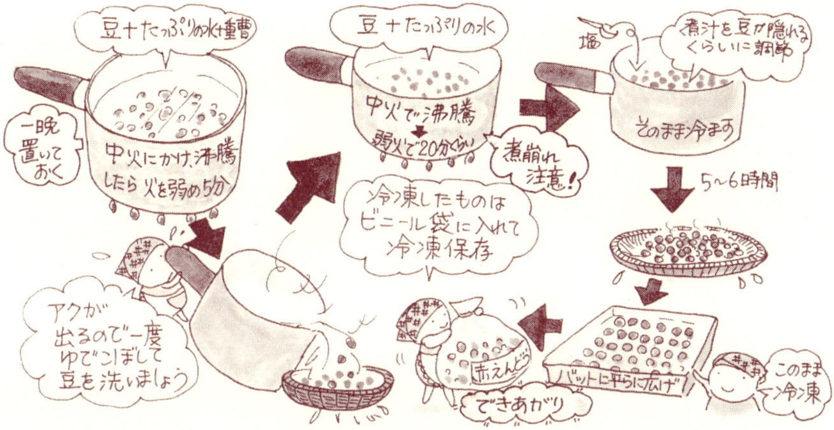

好みでバリエーションが広がる

# 白玉団子

【材料】約 20 個分

白玉粉 100 g（カップ 1 弱）／水 100 cc（カップ 1/2）／塩ひとつまみ

〈作り方〉

①ボウルに白玉粉を入れ、分量の水を少しずつ加えながら練っていく。やっとまとまるくらいになったら水を入れるのをやめ、しっかりこねる。

②①を 20 等分して丸め、キッチンペーパーの上にきれいに並べ、2〜3 分置いて生地から水気を取る。

③塩をひとつまみ入れて沸騰させたたっぷりの湯に、②を一度に入れる。中火でゆで、すべて浮き上がってきたらさらに 1 分ほどしっかり火を通す。

④たっぷりの氷水か冷水に③を取り、芯までしっかり冷やしてからザルに取る。

### ちょっと一言

①でこねあがったとき、生地が光っているようだと、水分が多すぎます。やっとまとまるくらいがちょうどよいので、水を少しずつ入れることが大切です。

中まで火が通っていないとモチモチ感が出ないので、ゆで時間に注意しましょう。

すりごま砂糖（1 : 1 に塩ひとつまみが基本。あとはお好みで）、黄な粉、小豆あんなどをからめていろいろな味が楽しめます。

くっつかないようバットに並べて凍らせた白玉団子は、ビニール袋に入れて冷凍保存を。1 カ月くらいもちます。ゆでたり、レンジで解凍すれば、いつでもすぐ使えます。

白玉粉はもち米に水を加えながら砕き、さらして乾燥させたもの。においがついて古くなりやすいので冷蔵庫に保管し、早めに使いきりましょう。

### おやつに大活躍のトロ～リ甘い蜜2種

# 黒蜜・白蜜

【材料】黒蜜…できあがり約 250 g 分

黒砂糖 120 g（カップ 3/4、細かく砕いたもの）／白砂糖 60 g（大さじ 6 強）／水 150 cc（カップ 3/4）／ハチミツ大さじ 1（あればでよい）

白蜜…できあがり約 180 g 分

白砂糖 150 g（カップ $1\frac{1}{3}$ 強）／水 100 cc（カップ 1/2）／ハチミツ大さじ 1（あればでよい）

〈作り方〉

黒蜜

①砂糖類と水を小鍋に入れ、中火にかけて煮たてる。

②アクがたくさん浮いてくるので、弱火にしてていねいに取り除く。

③4～5 分クツクツ煮詰めたら、あればハチミツを加え、ひと煮たちさせたら火を止める。

白蜜

①砂糖と水を小鍋に入れ、中火にかける。

②沸騰したら弱火にし、4～5 分煮詰める。アクが出てきたら取り除く。

③最後に、あればハチミツを加え、ひと煮たちさせたら火を止める。

**ちょっと一言**

ハチミツはなくてもできますが、風味がよくなり栄養価も高いので、あればぜひ入れてください。

蜜をあらかじめ作っておくと、みつ豆などに使えて便利です。どちらも冷蔵庫で 2 カ月くらいもちます。

香ばしい味噌味がポイントの素朴なクッキー

# 玄米クッキー

【材料】約50個分

＊無塩バター50g（大さじ4弱）／ショートニング50g（大さじ4弱）／砂糖50g（大さじ5強）／＊味噌大さじ1／＊卵中1個／白いりごま50g（大さじ8強）／＊薄力粉100g（カップ1）／玄米粉100g（カップ1）／ベーキングパウダー小さじ1／＊手粉（薄力粉）少々

〈作り方〉

①ボウルに室温で柔らかくしたバターとショートニングを入れ、泡だて器でよく混ぜる。

②砂糖と味噌も加え、よく混ぜる。

③よく溶いた卵を2〜3回に分けて入れ、ごまも加える。

④粉類を合わせてふるい入れ、ゴムべらでサックリ混ぜ、ひとまとめにする。

⑤手粉を少し振ったまな板の上で④を5等分し、それぞれを棒状にする。さらに1本を10等分して丸め、植物油をひくかオーブンペーパーを敷いた天板の上に間隔をあけて並べる。

⑥プリン型など底の平らなものを使って、並べた生地を上から押し広げ、5mmくらいの厚さに形を整える。

⑦170度のオーブンで12〜13分焼く。押してみてほぼ固くなっていればOK。冷めたら湿気ないように保存する。

### ちょっと一言

玄米粉は製菓材料店や大きなスーパーなどで手に入ります。残った粉類は、傷みやすいので冷蔵庫で保存しましょう。

焼くおやつ

## ビスケットみたいにサクサク軽い

# そば粉クッキー

【材料】約 40 個分

＊バター 20 g（大さじ 1.5、無塩バターを使う場合は塩をひとつまみ入れる）／砂糖大さじ 7〜8／＊卵中 1 個／ベーキングパウダー小さじ 1/3／重曹小さじ 1/3／＊そば粉 80 g（カップ 2/3）／＊薄力粉 60 g（カップ 1/2 強）／＊手粉（薄力粉）少々／植物油少々

〈作り方〉

①室温で柔らかくしたバターをボウルに入れ、泡だて器で混ぜたら砂糖も加え、さらに混ぜる。よく溶いた卵も 2〜3 回に分けて入れる。

②ベーキングパウダー、重曹はいっしょに小さじ 1 の水で溶いて①に混ぜる。

③そば粉と薄力粉を合わせて②にふるい入れ、サックリ混ぜる。

④ベタつく生地なので、ラップで包んで固くなるまで冷蔵庫で休ませる。

⑤手粉を振った台に④を出し、5 mm くらいの厚さに伸ばして好みの型で抜き、油をひいた天板に並べる。

⑥170 度のオーブンで 12〜13 分、キツネ色になるまで焼く。冷めたら湿気ないように保存する。

### ちょっと一言

⑤で、型抜きが面倒な場合は、4 本の棒状にして各々 10 等分にカットし、玄米クッキーのように天板の上で成形してもかまいません。

そばはアレルギーをひきおこす食材です。食物アレルギーのある人や小さいお子さんには、そばアレルギーの有無を確かめてから与えてください。

## フライパンでできる手軽などら焼き

# ミニどら焼き

【材料】約 10 個分(20 枚分)

＊卵中 1 個／砂糖大さじ 7／ハチミツ大さじ 1／重曹大さじ 1/2／水大さじ 1/2／＊薄力粉 100 g(カップ 1)／水(調節用)大さじ 1～2／植物油少々

〈作り方〉

①ボウルに卵を割り入れ、砂糖を加え、ほぐすように泡だて器で混ぜる。

②①にハチミツ、同量の水で溶いた重曹を加え、薄力粉をふるい入れ、しっかり混ぜたらラップをしてそのまま 30 分ほど休ませる。

③フッ素樹脂加工のフライパンを弱火にかけ、キッチンペーパーなどに油を少し含ませてふく。

④生地に水を大さじ 1～2 加えてトロリとなるように混ぜ、大さじ 7 分目くらい生地をすくい、フライパンにたらす。直径 4～5 cm の円に広がるくらいに調節する。

⑤生地の表面にプツプツ穴があいて乾いた感じになったら、竹串などで裏返し、裏側もほんの少し焼いたら、乾いたふきんに並べて冷ます。2 枚の間にあんなどをはさんでできあがり。

〈中身〉

★粒あん・こしあんをお好みで。小豆の甘煮 (P 18 参照) を必要なだけ皿にのせ、平らにしてラップなしでレンジで温め、水分を飛ばせば、粒あんとして使えます。

★サツマイモあん (P 72 参照)や好みのジャムをはさんでもおいしくいただけます。

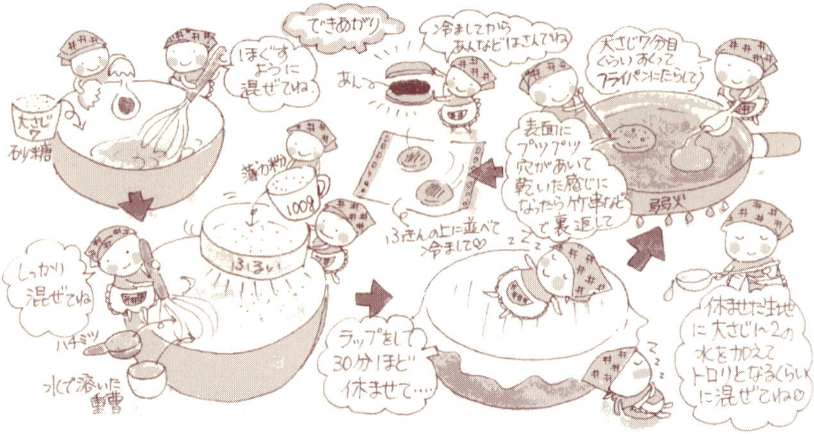

## 野菜・果物をプラスして

# ヘルシー・ホットケーキ

【材料】直径 15〜16 cm のホットケーキ 2 枚分

サツマイモ約 120 g（中半分強）／＊ホットケーキミックス 100 g（カップ 1）／＊牛乳大さじ 4／＊卵中 1/2 個／植物油少々

〈作り方〉

①サツマイモはよく洗って皮ごと 1 cm 角に切り、5 分くらい水にさらしてからザルにあげる。

②重ならないように皿に並べ、ラップをしないで 2 分ほどレンジで加熱する。

③ホットケーキミックス、牛乳、卵を混ぜ合わせ、②を加える。

④薄く油をひいたフライパンに流し入れ、ふたをしてごく弱火でじっくり両面を焼く。

〈バリエーション〉

★リンゴ入りホットケーキ…リンゴ 1/2 個は 4 等分してから薄切りにし、砂糖小さじ 2 をまぶし皿に並べて 1 分レンジで加熱する。レーズン大さじ 2 と加熱したリンゴを生地に入れて焼く。

★溶けるチーズのホットケーキ…ちょっと洋風にしたいときは、フライパンに生地を流したら上に細かく切った溶けるチーズを散らし、またその上からチーズが隠れるように生地を流して焼く。

### ちょっと一言

市販のホットケーキミックスは、ポストハーベスト（残留農薬）の心配のない国産小麦使用のものを使いましょう。

## アツアツで楽しむ味噌風味

# ふな焼き

【材料】直径 15 cm くらいの生地約 5 枚分

生地…＊薄力粉 100 g（カップ 1）／ベーキングパウダー小さじ 1/2／＊味噌大さじ 1／ぬるま湯 150 cc（カップ 3/4）／植物油少々

具…刻んだ黒砂糖、粒あんなど

〈作り方〉

①ボウルに薄力粉とベーキングパウダーをふるい入れ、よく混ぜ合わせる。

②味噌をぬるま湯で溶いて①に入れ、練り合わせる。

③熱したフライパンに油を薄くひき、なじませたら弱火にし、②を直径 15 cm くらいの円になるように薄く流す。

④表面にプツプツ穴があいて乾いた感じになったら、ひっくり返して少し焼く。半分に折り曲げてできあがり。

**ちょっと一言**

九州・筑後地方では、おにぎりといっしょに田んぼへ持っていくおやつの定番がふな焼きでした。ほんのり味噌の香りがして冷めてもおいしくいただけますが、アツアツの生地に黒砂糖やあんなどはさむと、よりおいしくいただけます。

## いろいろな具を入れて楽しめる

# おやき

【材料】10 個分

＊薄力粉 500 g（カップ 5）／ベーキングパウダー小さじ 1/2／砂糖カップ 1/2／塩ひとつまみ／＊卵中 1 個／＊牛乳カップ 1／水少々／植物油大さじ 1／好みの具適宜

〈作り方〉

①具と水以外の材料全部をボウルに入れ、様子を見ながら水を少しずつ加え、耳たぶくらいの固さにこねてひとまとまりにする。ラップをして室温で 2～3 時間置く（生地が伸びるようになる）。

②①を 10 等分し、直径 8 cm ほどに丸く広げて好きな具を包む。具がはみ出さないように注意する。

③フッ素樹脂加工のフライパンを温め、油をひかずに弱火で②をキツネ色になるくらいに焼いたら、裏返してふたをし、5～6 分じっくり焼く。ふつうのフライパンの場合は薄く油をひいて焼く。

④蒸し器にぬれぶきんを敷き、そこに③を並べて 5～6 分強火で蒸してできあがり。

〈具のバリエーション〉

★ナスあん…ナス 3 個は 1 cm 角のサイコロ状に切り、ごま油大さじ 2 で炒め、砂糖大さじ 2、味噌大さじ 3、酒大さじ 2、いりごま大さじ 1 を加え、いりつける。

★高菜あん…高菜漬けは細かく刻んでごま油で炒め、醤油少々といりごま少々で味つけをする。

★カボチャあん…カボチャ 300 g（中 1/6 強）は皮をむき、種を除いて 2 cm のサイコロ状に切る。砂糖大さじ 1、醤油小さじ 1/2、水カップ 1/2 とカボチャを鍋に入れ、中火で柔らかくなるまで煮る。水っぽいカボチャの場合は、ポッテリするまでゆっくり混ぜて水分を飛ばす。

★小豆あん、ひじきの煮つけなどを入れてもおいしいです。

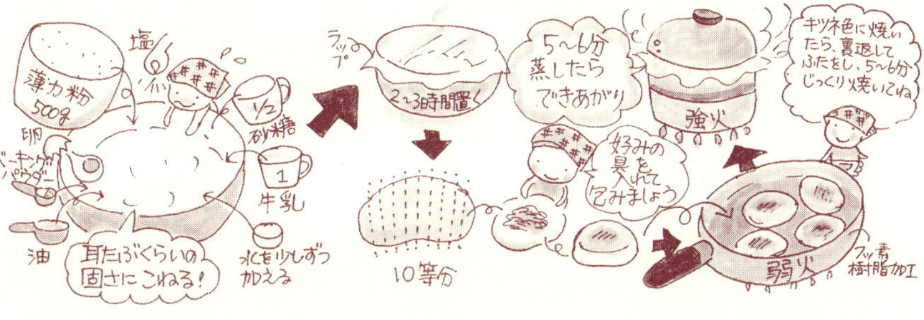

### オーブントースターで焦げ目をつければできあがり

# 簡単いろいろ団子

【材料】15～16 個分

白玉粉カップ 1/2／水大さじ 4／上新粉カップ 1/2／水大さじ 2／塩ひとつまみ／植物油少々／＊黄な粉、すりごまなど適宜

〈作り方〉

①ボウルに白玉粉を入れ、水大さじ 4 を少しずつ加えながら練る。上新粉も加え、水大さじ 2 を少しずつ入れながらさらに練る。

②①を 15～16 個に丸め、塩を入れて沸騰させたたっぷりの湯に入れ、浮き上がってからさらに 1 分ほどゆでてザルに取る。

③オーブントースターまたはロースター（ガスレンジについている焼き器具）に油を薄くひいたアルミホイルを敷き、そこに水気を切った団子を並べ、少し焦げ目がつくまで焼く。

④③を皿に盛り、黄な粉、すりごまなどをつけていただく。

〈タレのバリエーション〉

★みたらしのタレ（8～10 串分）

水大さじ 5、醤油大さじ 3、砂糖大さじ 7、葛粉大さじ 1.5、みりん小さじ 1、だし汁か和風だしの素（化学調味料等を使用していない天然だしの素）少々をすべて鍋に入れて混ぜたら、中火にかけ焦げないように常に混ぜながら、透明感が出るまでしっかり火を通す。葛粉の代わりに片栗粉小さじ 2 でもできます。その場合、砂糖だけ大さじ 5 にしてください。

★クルミのタレ

①クルミ 20 g（5 粒ほど）は細かく砕いて 30 秒くらいレンジにかける。

②①をすり鉢でよくする。

③②に砂糖大さじ 4、塩ひとつまみ、醤油小さじ 1/2、水小さじ 2 を入れてよくなじませる。

**ちょっと一言**

団子を串に刺したまま焼くのは、串の持ち手が焼けてしまって難しいものです。どこの家庭にもあるオーブントースターやロースターを使って、簡単に焦げ目をつけられるレシピを紹介しました。

冷蔵庫で約 1 週間もちます。

春の和菓子の定番

# 桜 餅

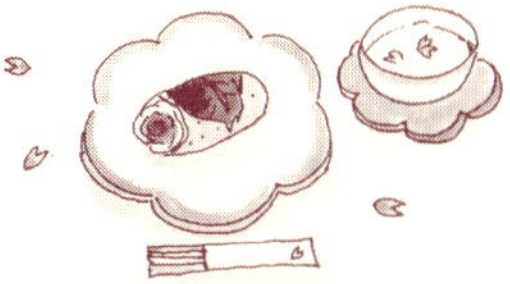

【材料】12 個分

白玉粉大さじ 1／水カップ 1／砂糖大さじ 2／赤ジソの汁少々／＊薄力粉カップ 1 1/5／桜の葉の塩漬け 12 枚／小豆こしあん 360 g（12 等分して丸めておく）／植物油少々

〈作り方〉

①ボウルに白玉粉を入れ、分量の水から大さじ 1 だけを加えてよく練る。

②①に砂糖、残りの水（赤ジソの汁をたらしてピンク色にしておく）を入れてよく混ぜる。そこに薄力粉をふるい入れ、手早く泡だて器でダマができないように混ぜる。

③ラップをして室温で 10～15 分休ませる。

④ホットプレートかフッ素樹脂加工のフライパンを熱し、ごく薄く油をひく。ホットプレートなら約 140 度、フライパンならごく弱火にして、生地を少したらす。おたまの底を使って俵形に伸ばし、表面が乾いてきたらひっくり返し、ほんの少し焼いて乾いたふきんの上に取り出す。

⑤あんを俵形にして④で巻いたら、さらに水気をふいた桜の葉の塩漬けで巻く。

**ちょっと一言**

- 桜の葉の塩漬けはよく洗い、ザルにあげておきましょう。
- 皮を俵形に焼くのが難しかったら丸く焼いてもかまいません。
- 生地をほんのりピンク色にするため赤ジソの汁を使いました。味は変わらないので、入れなくてもかまいません。

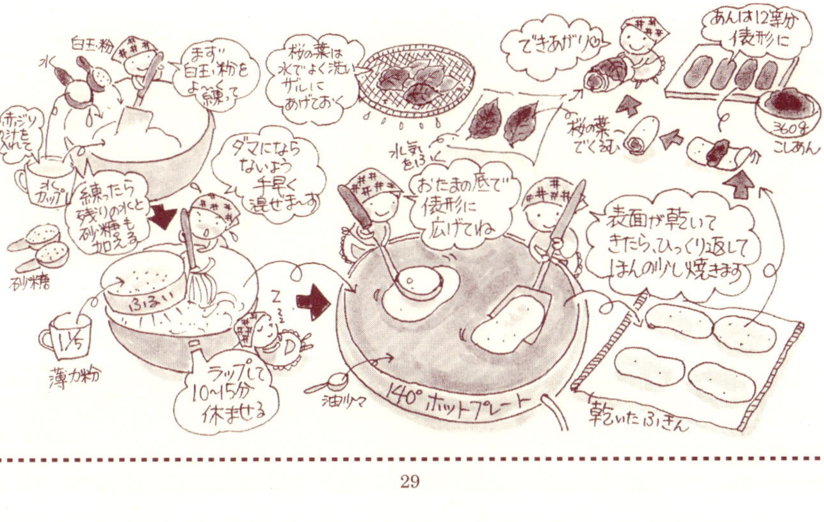

## しっかり噛んで歯を丈夫に

# 黒糖豆

【材料】できあがり約 150 g 分

＊大豆 100 g（カップ 3/5 弱）／A…粉末の黒砂糖 20 g（大さじ 2 弱）／水大さじ 2

B…粉末の黒砂糖 50〜60 g（大さじ 4 弱〜5、中くらいのボウルに入れておく）

〈作り方〉

①大豆は大きめの皿に並べ、「電子レンジの強で 30 秒加熱→混ぜる」を 4 回繰り返し、そのままレンジに入れておく。

②小鍋に A を入れ、煮溶かす。

③熱したフライパンに①の大豆を移し、ゆすりながら弱火で少し焦げ目がつくまでいる。

④③へ②を入れてよくからめ、すぐ B のボウルに入れ黒砂糖となじませる。

⑤紙などにあけ、冷めたら湿気ないよう密閉容器などに保存する。

### ちょっと一言

ここでは電子レンジを使ったレシピを紹介しましたが、時間のある場合は、大豆を弱火のフライパンで気長に少し焦げ目がつくくらいいっても作れます。

節分で豆が余ったら、そのまま黒糖とからめて使えます。

COLUMN

# 調理器具や容器の安全性

## 使い方に気をつけよう

この本は、手軽にできるおやつレシピが中心です。文明の利器も大いに利用しました。たとえば、電子レンジ、フッ素樹脂加工のフライパン、ラップなどです。しかし、電磁波や環境ホルモンなどが、心配な方もいらっしゃるでしょう。そこで、これらの調理器具の安全性について、天笠さんにうかがいました。

「電子レンジは、きちんと使い方を守れば大丈夫。電磁波は一過性のもので、食べ物に残留しません。ただし、調理中に中をのぞくのは厳禁です。また、栄養面でいえば、かなり高温となるために熱に弱い栄養素は失われてしまうことがあるし、加熱にムラができる場合も多いのです」

たしかに、電子レンジは短時間で加熱できて便利です。でも私は、時間があるときは使わずに、鍋やフライパンで煮る、蒸す、焼くという作業をしています。

フッ素樹脂加工のフライパンは、「フッ素はそれだけで存在していることはほとんどなく、ふつう何かと化合して安定しています。ところが高温になると不安定な状態になり、有害なフッ素化合物ができてしまう」そうです。したがって、使う場合は300度近い高温や空焚きは絶対に避けてください。ふつうの調理温度である200度台前半なら大丈夫です。

ラップは、無添加のポリエチレンラップを使ってください。塩化ビニリデン入りラップは、有害物質が含まれた添加剤が製品を柔らかくする目的に使われていて、熱を加えると溶け出すからです。

発泡スチロールやプラスチック容器も、熱と油に弱く、環境ホルモンの害(生殖機能異常など)が指摘されています。熱いものを入れる場合は避けたほうが無難でしょう。

「太古の昔から人間が使ってきて問題のない素材が一番だと思います。つまり、木、ガラス、陶器、鉄などです。アルミニウムもつい最近、神経毒性があるとわかりました。ふつうに使う分にはいいのですが、傷が多いアルミ製品に熱いものを入れるのはよくありません」(天笠さん)

アルミ製のプリン型などはていねいに扱い、少し冷めてから生地を流し込むようにしましょう。

桜エビが香ばしくお腹も満足

# 桜エビ入り焼き餅

【材料】約 8 個分

白玉粉 100 g（カップ 1 弱）／水 90～100 cc（カップ 1/2 弱～1/2）／干し桜エビ大さじ 4～5／塩小さじ 1 弱／青のり大さじ 2／いりごま小さじ 1

〈作り方〉

①ボウルに白玉粉、水を入れてよく練り、耳たぶくらいの固さになったら桜エビ、塩、青のり、いりごまも加えてさらに練る。よく混ざったら棒状にまとめる。

②①を 8 等分して丸め、手の平で押して直径 5～6 cm くらいの円形にする。

③沸騰させたたっぷりの湯でゆで、浮き上がってからさらに 1～2 分ゆでて、冷水に取りザルにあげる。

④フッ素樹脂加工のフライパンを中火にかけ、油をひかずに両面がこんがりするまで焼く。

## ちょっと一言

◆のりを巻いてもおいしくいただけます。

◆小魚はカルシウムが豊富だといわれています。桜エビも例外ではなく、マグネシウムや鉄分も多く含まれています。魚嫌いのお子さんでも、丸ごと食べられて香ばしい桜エビは大好きなはず。骨粗鬆《こつそしょう》症になりやすい中高年の女性や栄養バランスが崩れがちな男性にもおすすめです。

焼くおやつ

スナック感覚でポリポリ！カルシウムいっぱい

# ごまめのカリカリ

【材料】１皿分

ごまめ 30 g（60 尾ほど）／砂糖小さじ 1／ごま油小さじ 1/2／＊醤油小さじ 1/2

〈作り方〉

①ごまめは大きい皿に重ならないように広げ、電子レンジで 30 秒くらい加熱する。一度取り出し、混ぜたら、再び 20 秒ほど加熱する。

②熱したフライパンの火をいったん止め、①、砂糖、ごま油、醤油を入れて混ぜる。

③火をつけ弱火で、カラッとするまでいり混ぜる。

**ちょっと一言**

電子レンジで加熱し、一度取り出して混ぜ、再び加熱することによって、“カリッと感”が増します。

ごまめは、カタクチイワシの稚魚を素干しにしたもので、お正月のおせちの田作りでおなじみですね。カルシウムを多く含むだけでなく、カルシウムの吸収を助けるビタミンＤも含まれているため、たいへん骨によい食材です。ポリポリと歯ごたえがあり、スナック感覚で食べられて、魚が苦手な子どもも喜びそうなおやつです。

### 目の詰まったフランスパンで作ろう

# ごまの和風ラスク

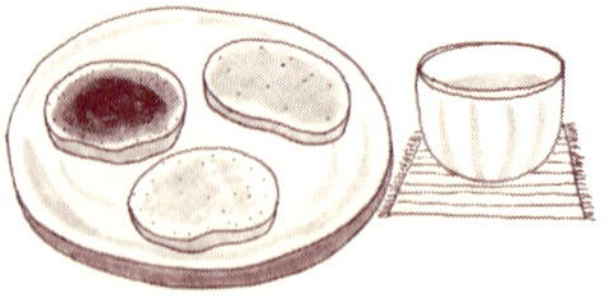

【材料】約 10 枚分

＊フランスパン 10 cm／＊バター大さじ 2（溶かしておく）／グラニュー糖・ごまペースト各適量／※電子レンジのターンテーブルにオーブンペーパーを敷いておく（パンから水分が出るため）

〈作り方〉

①パンは 1 cm の厚さに切り、電子レンジのターンテーブルの上に並べ、まず 1 分温める。ムラができるようだったら位置を並べ替えて 30 秒くらい温め、指でたたくとコンと音がするくらいまで水分を飛ばす。

②①に溶かしバターをたっぷりぬり、その上からごまペーストを適量ぬる。さらにグラニュー糖をたっぷり振りかける。

③130 度のオーブンの天板に並べ 15～20 分、薄く焼き色がつくまで焼く（オーブンは機種ごとにそれぞれ違うので、10 分を過ぎたら様子を見ながら仕上げる）。

〈バリエーション〉

★ハニーラスク…バターをぬった上にハチミツをぬって焼く。

★ココアラスク…バターをぬり、グラニュー糖にココアを加えたものを振って焼く。

★ガーリックラスク…パンをレンジから出したら、ニンニクの切り口をパンにまんべんなくこすりつける。バターの代わりにオリーブオイルをぬり、塩少々とドライパセリを振って焼く。

ほんのり小豆の香りがやさしい

# 粒あんカステラ

【材料】直径 18 cm のケーキ丸型 1 つ分（底に紙を敷き、内側にバターを薄くぬっておく）

＊卵黄中 2 個／ハチミツ小さじ 1.5／植物油大さじ 1.5／小豆粒あん 150 g

メレンゲ…＊卵白中 3 個／砂糖大さじ 5　＊薄力粉 70 g（カップ 0.7）／ベーキングパウダー小さじ 1/2

〈作り方〉

①ボウルに卵黄、ハチミツ、植物油、粒あんを入れ、よく混ぜておく。

②別のボウルに卵白を入れて泡だて器で泡だて、砂糖を 3～4 回に分け入れしっかり角が立つまで泡だてて、コシの強いメレンゲを作る。

③①のボウルにメレンゲをひとすくい入れ、よく混ぜたら残りのメレンゲも入れて、泡が消えないようサックリ混ぜる。

④③に薄力粉とベーキングパウダーをふるい入れ、粉が見えなくなるまでサックリと混ぜる。

⑤型に流して平らにし、170 度のオーブンで 25～30 分焼く。真ん中を軽く押してみて弾力があればできあがり。

⑥型から出して冷ます。

**ちょっと一言**

P 16 で紹介した手作り粒あんを使えばよりおいしくできあがります。

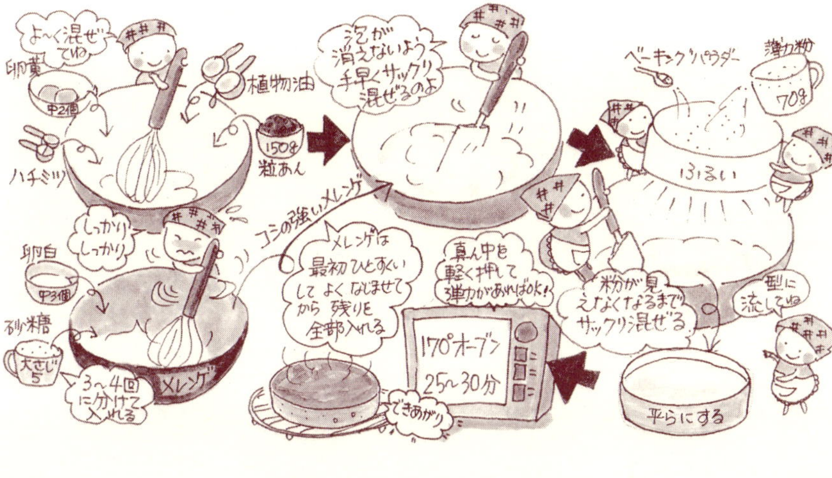

とっても軽くてそば粉の香りが漂う

# そば粉カステラ

【材料】直径 18 cm のケーキ丸型 1 つ分(底に紙を敷き、内側にバターを薄くぬっておく)
＊卵黄中 3 個／＊牛乳・ハチミツ・植物油各大さじ 2／＊卵白中 3 個／砂糖 70 g(カップ 2/3 弱)／＊そば粉 80 g(カップ 2/3)／小豆の甘納豆 80 g

〈作り方〉

①ボウルに卵黄を入れ、泡だて器で軽く混ぜたところに、牛乳、ハチミツ、植物油を加えてよく混ぜておく。

②別のボウルに卵白を入れ、泡だて器でよく泡だてていく。途中、砂糖を 3 回に分け入れながら角がピンと立つまで泡だて、メレンゲを作る。

③②のメレンゲを泡だて器でひとすくいして①のボウルに入れよくなじませる。残ったメレンゲを全部入れ、均一になるまでサックリと混ぜる。

④③にそば粉と甘納豆を加え、ゴムべらでサックリとよく混ぜる。

⑤型に流し表面を平らにして、170 度のオーブンで 25〜30 分焼く。真ん中を押してみて弾力があれば焼けている。

⑥型から出して冷ます。冷めたら乾燥しないように、ラップなどに包んで保存する。

パンとはちがう素朴な食感がなつかしい

# 甘食風

【材料】8～9個分

＊バター40g（大さじ3強、湯せんして溶かし、人肌以下に冷ましておく）／砂糖100g（カップ1弱）／塩ひとつまみ／＊卵中1個／＊コンデンスミルク40g／重曹小さじ2/3と水大さじ2（加える直前に水で溶く）／＊薄力粉200g（カップ2）／ベーキングパウダー小さじ$1\frac{1}{3}$／植物油少々

〈作り方〉

①溶かしたバターをボウルに入れ、砂糖、塩、卵、コンデンスミルクを加えて混ぜ、水で溶いた重曹も加える。

②薄力粉とベーキングパウダーを①にふるい入れよく混ぜたら、ボウルをラップで覆い、室温で10～15分休ませる。

③オーブンペーパーまたは油を薄くひいた天板に、大きめのスプーンで生地をすくい、ゴムべらできれいに落とし、4～5つ均一に天板に置いていく（倍くらいに膨らむので間隔をおく。しぼり袋を利用してもよい）。

④ベタつかないよう油を少しつけた指で生地のデコボコを平らにし、直径6～7cmの円形に整える。ナイフの先に油をぬり、中心に十文字の切れ目を深めに入れる。

⑤200～220度に熱したオーブンで約10分焼く。こんもりと三角に盛り上がったらできあがり。

**ちょっと一言**

高温で焼くため底が焦げやすいので、下に天板をもう1枚重ねるとよい。

焼けたら網などに取り出し、冷めたらビニール袋に入れて保存すると、表面が柔らかくなっておいしくなります。

### 朝食のクラッカー代わりにも

# ごまの薄焼きクラッカー風

【材料】18〜20 枚分

＊バター 20 g（大さじ 1.5、室温でもどしておく）／砂糖大さじ 3／＊牛乳大さじ 1／黒いりごま大さじ 2／＊薄力粉 60 g（カップ 3/5）

〈作り方〉

①ボウルにバターを入れ柔らかくしたところに、砂糖を加えて泡だて器でよく混ぜる。

②牛乳も加えてよく混ぜ、ごま、ふるった薄力粉も加えてさらによく混ぜる。

③②を 2 等分し、それぞれ棒状にして 9〜10 等分する。

④フッ素樹脂加工のフライパンを弱火で熱し、手のひらで直径 5 cm、厚さ 2 mm くらいに伸ばした生地を並べ、油なしで上下をこんがり、カリッとなるまで焼く。

**ちょっと一言**

◆焼けたら網などに取り、冷まして湿気ないように保存しましょう。

◆香ばしいごまの香りと食べやすい薄さが魅力。朝食のクラッカー代わりにも、もってこいです。

スルッとした口あたりが新鮮

# 焼き長イモ

【材料】直径 15〜16 cm のもの 2 枚分

長イモ約 200 g（中 1/2 本）／＊卵中 1/2 個／塩ひとつまみ／片栗粉大さじ 1／具…青のり、刻みネギ、あさつきなど好みのもの適量／植物油少々

〈作り方〉

①長イモは皮ごとよく洗って、ボウルにすり入れる。

②①によく溶きほぐした卵と、塩、片栗粉を加え、好みの具も加えてよく混ぜる。

③フッ素樹脂加工のフライパンに油を多めにひき、中火で熱したところに生地を半分流し入れる。

④弱火のやや強めの火で片面をこんがり焼いたら、フライパンのふた（なければ大きめの皿でもよい）にすべらせるように取り出し、それにフライパンをかぶせるようにしてひっくり返し、もう片面もこんがり焼いて取り出す。

**ちょっと一言**

アツアツのうちにいただきましょう。味つけは、醤油や塩などお好みで。小麦粉を使っていないので、もたれずさっぱりと食べやすいおやつです。

ねばねばした食べ物は滋養があるといいますが、長イモも栄養タップリです。食物繊維が豊富なので、便秘解消、ダイエットに効果あり。おかずの一品としても応用できそうなレシピです。

小麦粉だけよりさっぱりした食感

# ジャガイモのお好み焼き風

【材料】3〜4 人分

ジャガイモ中 3 個／＊卵中 1 個（溶いておく）／塩ひとつまみ／＊醤油大さじ 1／＊薄力粉大さじ 3〜4／植物油少々／好みの具適宜

〈作り方〉

①ジャガイモは皮をむき、ボウルにすり入れる。

②①に卵、塩、醤油を加える。

③②に薄力粉を入れてよく混ぜたら（ジャガイモの質によってトロリとするくらいの量に加減する）、生地のできあがり。

④熱したフライパンに油をひき、生地を直径 15 cm くらいの大きさに丸く広げ、好きな具をトッピングし、その上にも少し生地をかけ、両面こんがり焼く。

**ちょっと一言**

ジャガイモ入りなので繊維質たっぷり、栄養面もバッチリです。

具はきんぴらなど、おかずの残り物でも OK。おすすめは、干しエビ、青のり、刻みネギ、溶けるチーズ、サラミソーセージなどです。

いつでも家庭にあるジャガイモ。子どもたちの大好きな市販のポテトチップスに代わるおやつとして、ぜひおすすめです。

## 生クリームなしのあっさり味

# 和風スイートポテト

【材料】厚手のアルミカップ小約 12 個分

サツマイモ 400 g（中 2 本ほど）／＊バター大さじ 1／塩ひとつまみ／砂糖大さじ 6～7／＊牛乳 100 cc（カップ 1/2）／バニラエッセンス少々／＊卵黄中 1 個／＊ハケで上にぬる卵（卵黄 1 個にみりん小さじ 1 を混ぜたもの）

〈作り方〉

①サツマイモは厚く皮をむいて 1 cm くらいの輪切りにし、たっぷりの水に 5～6 分さらしてアクを抜き、ひたひたの水を入れた鍋で柔らかくゆでる。

②柔らかくなったら水を捨て、再び中火にかけて水分を飛ばしてからつぶす。

③②にバター、塩、砂糖を入れて混ぜ、バターが溶けたら牛乳、バニラエッセンスも加え混ぜる。

④③を中火にかけ、焦げないように混ぜながら、もったりするまで火を通す。サツマイモの状態が水っぽい場合はここでよく水分を飛ばす。

⑤もったりしたら火からおろし、卵黄を入れてよく混ぜ、カップに均一に入れる。

⑥⑤の形を整え､卵黄とみりんを混ぜたものをハケでぬり､180 度のオーブンで 10～15 分、オーブントースターなら 4～5 分、上部が乾いて少し焦げ目がつくまで焼く。

### ちょっと一言

本来はイモのコクや甘味を逃がさないため、①でイモを蒸すのですが、簡単・あっさりを優先したレシピにしています。

おいしいお米と良質の醤油で作りたい

# 焼きおにぎり

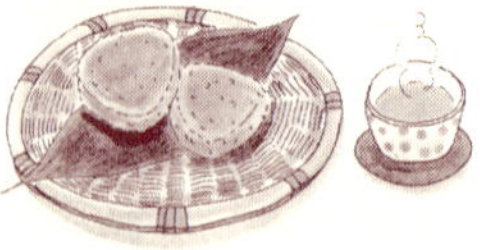

【材料】ごはん適宜／醤油適宜

〈作り方〉

①ごはんが冷たい場合は電子レンジで軽く温めてから、ふつうのおにぎりより固めにしっかりにぎる。

②網を強火で空焼きしたら、中火にして焼きはじめる。網にくっつかずにひっくり返せるくらい、しっかり両面を焼く（くっつくのが心配なら、網に薄く油をぬるとよい）。

③醤油を小皿に出してハケに十分含ませ、おにぎりの上面にたたくようにたっぷりつけ、乾いたらひっくり返してもう片面も同様に醤油をつけて焼く。

④おにぎりの表面が乾いた感じになればできあがり。

**ちょっと一言**

味噌をぬり、少し焦げ目をつけてもおいしいです。

熱いところをいただきましょう。夜食にもぴったりですね。

軽食にもなる人気のおやつ

# 焼きうどん

【材料】1 人前

＊ゆでうどん 1 玉／植物油小さじ 2／豚こま切れまたは三枚肉 50 g（塩・コショウを少々振り、もんでおく）／人参少々（千切り）／キャベツ 1 枚（3 cm 角に切る）／長ネギ 1/3 本（斜め薄切り）／塩・コショウ各少々／みりん大さじ 1/3／＊醤油大さじ 1/2

〈作り方〉

①うどんはザルに入れ湯をかけてほぐす。

②フライパンに植物油小さじ 1 を入れ、中火で熱したところに肉を入れる。肉の色が変わったら人参、キャベツ、長ネギを加えて炒め、塩・コショウし、しんなりとしたらいったん取り出す。

③②のフライパンに油小さじ 1 を足し、うどんを入れて炒める。取り出した具をもどし入れ、みりん、醤油を加えて手早く混ぜ、皿に盛り、あれば青のりをたっぷり振る。

COLUMN

# 素材は丸ごといただく

## 精製度の高いもの、サプリメントは要注意

おやつ作りに欠かせない素材のひとつは砂糖です。精製度の高い真っ白な砂糖はクセがなく、純粋な甘味が出るので、一般にお菓子作りによく使われています。でも、体のことを考えると、できるだけ精製度が高くないものを使いたいですね。精製度が高くなるほど、自然な素材から遠ざかり、微量に含まれている大切な栄養素（カルシウム、カリウム、鉄、リンなどのミネラル分）も失われるからです。

食べ物に含まれる栄養素は、ひとつではありません。カルシウムが体にいいといいますが、カルシウムだけの食べ物は存在しません。カルシウムが含まれている食べ物とほかの食べ物をいっしょに食べることによって、はじめてカルシウムが自然に体内に吸収され、体に必要なほかの成分も摂取できます。

「カルシウムばかり過剰に摂取しても、体外に排出されて栄養にならないし、かえって体に結石ができるなどの副作用が起きます」（天笠さん）

精製されたものを食べるということは、その周辺にある微量だけれども大切な栄養素をそぎ落としてしまうというわけです。

また、最近はサプリメントブームです。2005年の朝日新聞社の世論調査では、「サプリメントを試したい」と答えた人が女性で約6割、実際に摂っている女性も4割近く。反面、若い人ほど食生活に気を配らず、運動している割合も少ないという結果でした。健康に関心はあるものの、食事や運動に時間をかけずに、サプリメントで安易に補おうとする人が多くなっているようです。天笠さんはこう言います。

「体は自然からできています。たとえば、血液は海水の成分にとてもよく似ていて、昔は輸血に海水を使ったというほどです。自然界にあるものと人体はそれくらい似ているので、自然のものをそのままいただくというのが一番理にかなっています」

鉄不足だから鉄ばかり摂る、カルシウムが体にいいからカルシウムだけ摂るというのは、体にとってかえってよくないようです。精製しすぎないもの、加工度の低いものを選び、なるべく素材を丸ごといただくことを、おやつ作りでも心がけたいですね。

### 本格和菓子をイメージ

# 「松風」風蒸し菓子

**【材料】**10 cm 角くらいの流し缶か耐熱容器１つ分（オーブンペーパーを敷き込んでおく）

A…砂糖大さじ 5〜6／水大さじ 4　B…＊卵白中１個／砂糖大さじ１　＊味噌大さじ 1／＊薄力粉 60 g（カップ 1/2 強）／ベーキングパウダー小さじ 1/2／いりごま少々

〈作り方〉

①A を小鍋に入れ、中火にかけ煮溶かす。味噌も入れて混ぜ、冷ましておく。

②B の卵白をボウルに入れ、泡だて器で白くなるまで泡だてたら砂糖を入れ、さらにピンと角が立つまでよく泡だてる。

③②の中に①を半分ほど入れ、薄力粉・ベーキングパウダーも半分ほどふるい入れ、と交互に入れてダマがなくなるまで泡だて器でサックリ混ぜる。

④型に流したら蒸し器に入れ、ふたに乾いたふきんをかませて強火で約 20 分蒸す。真ん中に竹串を刺して何もついてこなければ蒸しあがり。

⑤型から出して冷まし、冷めてからごまを振り、好みの大きさに切る。

〈バリエーション〉

★黒砂糖味

A…黒砂糖大さじ 5／塩ひとつまみ／水大さじ 4　B…卵白中 1 個／砂糖大さじ 1　薄力粉 60 g／ベーキングパウダー小さじ 1/2　作り方は味噌味と同じです。

**ちょっと一言**

材料の味噌は、ふだん使っているものでかまいません。

もっちりとした食感で冷めてもたいへんおいしいです。

「松風」とは昔からある和菓子のひとつ。本来は表面にケシの実やごまを振って焼いたカステラのようなものです。

みんなでホカホカを分け合って食べよう

# ジャンボ蒸しパン3種

★黒糖蒸しパン

【材料】直径 18 cm の金ザル 1 つ分（ぬれぶきんを敷き込んでおく）

＊薄力粉 200 g（カップ 2）／ベーキングパウダー小さじ 2／塩ひとつまみ／黒砂糖大さじ 6／＊卵中 1 個／水カップ 2/3

〈作り方〉

①ボウルに薄力粉、ベーキングパウダー、塩をふるい入れ、黒砂糖を入れて混ぜる。

②別のボウルに水と卵をよく混ぜ合わせたところに①を加え、サックリ混ぜる。

③金ザルに②を流し、蒸し器に入れ、ふたに乾いたふきんをかませて強火で 15 分ほど蒸す。真ん中を押して弾力があればできあがり。

④取り出したらふきんからはずし、熱いうちにいただく。

★シソの葉入り蒸しパン

【材料】直径 18 cm の金ザル 1 つ分（ぬれぶきんを敷き込んでおく）

＊薄力粉 200 g（カップ 2）／ベーキングパウダー小さじ 2／砂糖大さじ 5／＊牛乳カップ 2/3／＊味噌大さじ 2／＊卵中 1 個／シソの葉 10 枚（千切りにしておく）

〈作り方〉

①ボウルに薄力粉、ベーキングパウダーをふるい入れ、砂糖を入れて混ぜる。

②牛乳、味噌、卵、シソの葉を軽く混ぜて①に加え、サックリ混ぜる。

③以降は黒糖蒸しパンと同じ。

★味噌入り蒸しパン

【材料】直径 18 cm の金ザル 1 つ分（ぬれぶきんを敷き込んでおく）

砂糖大さじ 5／＊味噌大さじ 3／水大さじ 5／＊薄力粉 80 g（カップ 4/5）／ベーキングパウダー小さじ 1／＊卵白中 1 個／砂糖大さじ 1／白いりごま大さじ 1

〈作り方〉

①ボウルに砂糖大さじ 5 と味噌、水を入れて混ぜる。薄力粉、ベーキングパウダーもふるい入れて加え、軽く混ぜる。

②卵白と砂糖大さじ 1 を角が立つまで泡だて器でしっかり泡だてて①に加え、全体をサックリと混ぜる。

③金ザルに②を流し、黒糖蒸しパンと同様に蒸す。蒸しあがったら上面にごまを振る。

## レンジでできる和の定番おやつ

# すあま

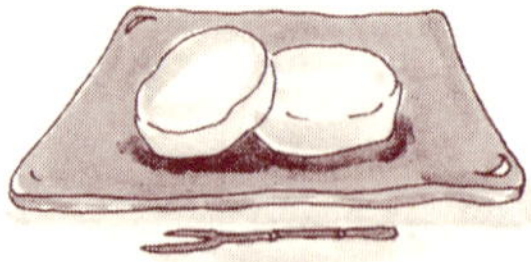

【材料】15 cm くらいのすあま 1 本分

上新粉 100 g（カップ 1 弱）／砂糖 100 g（カップ 1 弱）／塩ひとつまみ／水 150 cc（カップ 3/4）／手粉（片栗粉）少々／黒いりごま大さじ 2（ごま入りを作る場合に使用）

〈作り方〉

①耐熱ボウルに上新粉、砂糖、塩を入れ、よく混ぜたところに水を加えさらに混ぜる。ラップをしてレンジで 3 分加熱する。

②ボウルを取り出し、一度よく混ぜ合わせ、再びラップをして 3 分レンジで加熱する（白い粉っぽさがなくなっているか確認し、残っているようなら 30 秒くらいずつ加熱する）。

③ぬれぶきんの上に②を取り出し、よくこねる（ごま入りにする場合はここでごまをもみ込む）。

④もっちりなめらかになってきたら、15 cm くらいの棒状にし、手粉を振ったバットにころがしてベタつかないようにする。そのまま冷まし、よく粉を払い、上からポンと包丁で切るとくっつきにくい。

### ちょっと一言

③でこねるときは、熱いうちはぬれぶきんの端を手に巻きつけてギュッギュッと押しつけてもよいです。少し冷めたら直接手でよくこねましょう。

電子レンジを使ってあっという間にすあまができます。ぜひお試しください。

あっさりのどごしのよい葛は男性にも人気

# 葛　餅

【材料】10 cm 角の流し缶か耐熱容器 1 つ分

本葛粉大さじ 3／水 230 cc（カップ $1\frac{1}{6}$ 弱）／砂糖大さじ 2／片栗粉大さじ 4／＊薄力粉大さじ 1／トッピング…＊黄な粉、黒蜜（P 21 参照）各適宜

〈作り方〉

①ボウルに葛粉を入れ、分量の水を少しずつ入れながらよく溶かす。

②①に砂糖と、ふるった片栗粉と薄力粉を加え、ダマができないようよく混ぜる。

③②を鍋に移し中火にかけ、常にゴムべらで底のほうから混ぜ、全体がほんの少しトロンとしてきたらすぐに火を止める。混ぜ続けていると余熱でかなりトロトロしてくる。

④流し缶に入れ、なるべく平らにならす。

⑤蒸し器に入れ、ふたに乾いたふきんをかませて強火で 20 分ほど蒸す。蒸しあがったら取り出しそのまま冷ます。

⑥冷めたら型からはずし、まな板の上にひっくり返して出し、好みの大きさに切って、黄な粉や黒蜜をかけていただく。

**ちょっと一言**

できたてがとてもおいしいので、冷めたらすぐにいただきましょう。冷やしてもおいしくいただけますが、長く冷蔵庫に入れておくと固くなり、風味も落ちてしまうので注意してください。

葛はマメ科の植物で、根から採ったでんぷんが葛粉です。たいへん貴重なものなので、「葛粉」として売られていてもたいていは葛だけでなくサツマイモでんぷんも混ざっています。値ははりますが、弾力があり透明感が出るので本葛粉で試してみてください。

カップ入りの簡単ようかん

# ミニ栗蒸しようかん

【材料】厚手のアルミカップ小 10 個分

小豆こしあん 300 g／＊薄力粉大さじ 3／片栗粉小さじ 1.5／塩ひとつまみ／水大さじ 3／栗の甘露煮 10 粒（1 粒を 4 つに切っておく）

〈作り方〉

①小豆こしあんをボウルに入れる。そこに薄力粉と片栗粉をふるい入れ、塩も加えてゴムべらでよく練り合わせる。

②よく混ざり合ったら水を加え、さらに混ぜて栗も入れ軽く混ぜる。

③カップに②を 8 分目ほど入れて蒸し器に並べ、ふたに乾いたふきんをかませて強火で約 20 分蒸す。網などの上に取り出して冷ます。

**ちょっと一言**

小さなカップに入れて作れば、切り分ける手間が省けてかわいらしい仕上がりに。おもてなしにも最適です。

できれば手作りあん（P 17 参照）で作りましょう。だんぜんおいしいですよ。

冷めたら冷凍保存も可能。1 カ月ほどもちます。いただくときは室温で解凍しましょう。

もっちり、なつかしいゆべし風味

# ゆべし風味餅

【材料】4～5個分

白玉粉60g（カップ1/2強）／水大さじ5／上新粉20g（カップ1/5弱）／砂糖大さじ5／＊醤油大さじ1／クルミ大さじ2～3（ラップなしで1分電子レンジにかけたあと、フライパンで焦がさないよう弱火で軽くいって砕いておく）／手粉（片栗粉）少々

〈作り方〉

①耐熱ボウルに白玉粉を入れ、水を少しずつ加えてよく溶かす。上新粉、砂糖、醤油も加えてよく混ぜる。

②ラップをして電子レンジで2分加熱したら取り出し、よく混ぜて再び2分加熱する。粉っぽければ、もう少しレンジへ。

③②が熱いうちに、すりこぎの先をときどき水でぬらし、全体をよくついて混ぜ、最後にクルミも加えて混ぜる。

④熱いので、手でさわれるようになるまでラップをして待つ。さわれるようになったら、手をぬらしながら4～5等分にして丸め、手粉を振った皿の上に置く。

⑤全体にしっかり手粉をまぶしてから、形を整えながらハケで余分な粉を払う。

**ちょっと一言**

クルミがない場合は入れなくてもかまいませんが、香りが違うので手に入るならぜひ入れてください。

## ほっこり黄色のかわいい蒸しパン

# カボチャ蒸しパン

【材料】厚手のアルミカップ小 5〜6 個分

カボチャ 50 g（皮と種を取ったもの／にぎりこぶし半分くらい）／＊卵中 1 個／三温糖 60 g（大さじ 6 弱）／重曹小さじ 1/4／水小さじ 1／＊薄力粉 40 g（カップ 2/5）／ベーキングパウダー小さじ 1/4／植物油大さじ 1

〈作り方〉

①カボチャは 1 cm くらいの厚さに切り、ひたひたの水で柔らかくなるまでゆでたら、ゆで汁を捨てて再び火にかけ、水分を飛ばしながらよくつぶす。

②卵と砂糖をボウルに入れ泡だて器でもったりするまで泡だてる。重曹を小さじ 1 の水で溶いて加える。

③②に①を 2〜3 回に分けて混ぜ、薄力粉とベーキングパウダーをさらにふるい入れサックリ混ぜる。植物油も回し入れて混ぜる。

④カップに 8 分目ずつ③を入れて蒸し器に並べ、ふたに乾いたふきんをかませて強火で約 11〜12 分蒸す。蒸しあがったら網などの上に取り出す。

### ちょっと一言

カボチャはガンや老化を防ぐといわれるカロチンを多く含んでいるので、おやつにも大いに使いたいですね。緑黄色野菜は、病気の予防になるともいわれています。カボチャは苦手という人も、おやつに取り入れることで抵抗なくおいしく食べられるはずです。

蒸すおやつ

## 自然の色がやさしい蒸しまんじゅう

# 人参まんじゅう

【材料】8 個分

ゆでて裏ごしした人参 80〜90 g／砂糖大さじ 4／＊卵黄中 1 個／＊薄力粉 120 g（カップ $1\frac{1}{5}$）／ベーキングパウダー小さじ 1/2／小豆粒あん 200 g（8 等分して丸めておく）／＊手粉（薄力粉）少々

〈作り方〉

①ボウルに裏ごしした人参を入れる。砂糖、卵黄も加え、ゴムべらで混ぜる。

②薄力粉とベーキングパウダーをいっしょに①にふるい入れ、ゴムべらで練らずに切るようにしてひとつにまとめる。

③バットに手粉を振って生地を置き、棒状に成形したら 8 等分に切る。

④1 つずつ、あんが包めるぐらいに広げ、丸めておいたあんを包む。あんがはみ出さないように底をしっかりとじる。

⑤余分な手粉をハケでよく払い、ぬらして固くしぼったふきん、またはオーブンペーパーなどを敷いた蒸し器に、あんのとじ目を下にして並べ、ふたに乾いたふきんをかませて強火で 10〜12 分蒸す。

⑥蒸しあがったら網などにすぐに出してうちわであおぐとツヤが出る。

### ちょっと一言

人参に多く含まれるカロチンはガン予防の働きがあります。色が濃いほどカロチンが豊富なので、色を基準に選ぼう。

人参の代わりにまったく同量のカボチャでも同じようにできます。

冷めたら表面が乾かないようにラップをしておきましょう。

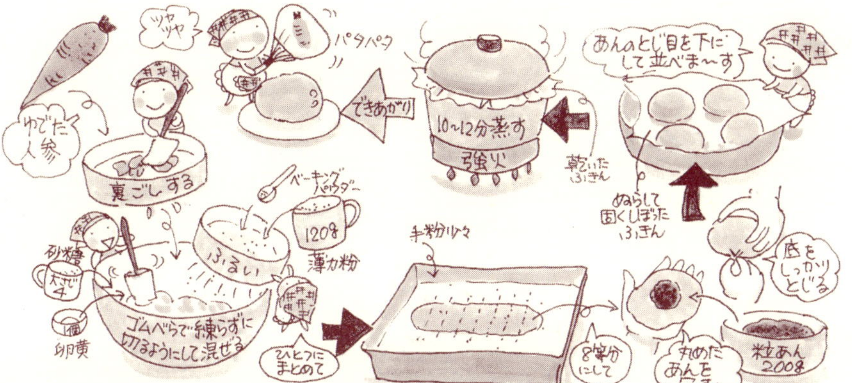

ヨモギを使って春の香りを楽しむ

# 草　餅

【材料】2～3 人分

上新粉大さじ 7／砂糖大さじ 1～1.5／湯大さじ 4.5～5／ヨモギ少々／＊黄な粉、小豆粒あん、小豆の甘煮(P 16、18 参照) など好みで添える

〈作り方〉

①ボウルに上新粉、砂糖、湯を入れゴムべらで混ぜ、練ってひと固まりにする。

②①をちぎってぬれぶきんの上に並べて蒸し器に入れ、強火で約 15 分蒸す。

③②を熱いうちにすり鉢またはボウルに入れ、ときどきすりこぎの先を水でぬらしてまんべんなくつく。ヨモギも加えてよくつき混ぜる。

④ヨモギが均一に混ざり、手でさわれるくらいの温度になったら、手でよくこねてひとまとめにする。これを棒状にし、親指の頭くらいの大きさにちぎって丸め皿に盛り、好みの甘味を添える。

## ちょっと一言

蒸さずに電子レンジで簡単に生地を作ることもできます。まず、耐熱ボウルに生地の材料（湯だけ水に替えること）を入れ、ラップをして電子レンジに 1.5～2 分かけます。混ぜてみて粉っぽかったら、もう少しレンジにかけて調節してください。③以降は同じです。

早春のころ散歩の途中でヨモギを見かけることがあります。そんなときは少しだけ摘んで草餅を作ってみましょう。ヨモギの処理の仕方をまとめておきます。

①ヨモギの葉先の柔らかい部分だけを取って洗い、重曹を少し入れたたっぷりの湯で 1～2 分湯がく。

②ゆであがったら流水に取り、2～3 分さらす。

③そのまますくってまな板にのせ、トントンと包丁で細かく刻み、水気をしぼって餅に加える。(P 54 イラスト参照)

ヨモギは冷凍もできますが、香りが飛んでしまうので、早めに使いきりましょう。

乾燥ヨモギなど市販のものを使うときは、種類によって使い方が違うので、それぞれ説明書にしたがって調節しながら使ってください。

蒸すおやつ



## 切り餅で簡単、おいしい大福

# 大　福

【材料】5個分

1個45gくらいの切り餅5個／砂糖大さじ1.5／水大さじ4／小豆粒あん125g（5等分して丸めておく）／手粉（片栗粉）少々

〈作り方〉

①蒸し器にぬれぶきんを敷いて餅を並べ、柔らかくなるまで強火で約10分蒸す。

②柔らかくなったらボウルに取り、砂糖、水を加えて木べらでよくこね、なめらかな生地を作る。

③手粉をバットに振り、そこに②をひとまとまりにして落とす。ベトつかないように上からも手粉を振り、5等分にちぎる。

④1つを手に取って直径6～7cmに広げ、あん玉をその上にのせ、手粉が中に入らないように注意しながらあんを包む。包み終わりはあんがはみ出ないようしっかり留める。

⑤丸い形に整え、余分な粉はよく払う。

**ちょっと一言**

蒸し器を使わずに電子レンジで作る方法は、以下のとおりです。切り餅と砂糖、水を耐熱容器に入れ、ラップをして電子レンジで強2分かける。いったん取り出してまだ固いところがあるようだったら、さらにもう少し加熱、というように柔らかくなるまで少しずつレンジにかける。②以下は同じです。

赤えんどう豆の塩ゆで（P19参照）40gを5等分しておき、④でひとつずつ生地を広げた上に散らせば、豆大福になります。

季節を味わう大福もお手軽に

# イチゴ大福・ヨモギ大福

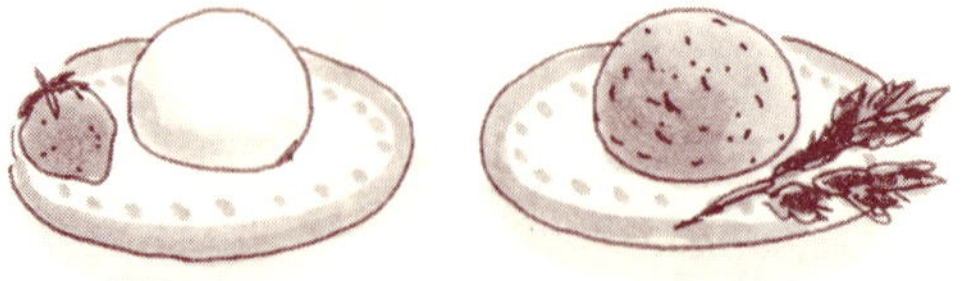

★イチゴ大福

【材料】5 個分

1 個 45 g くらいの切り餅 5 個／砂糖大さじ 1.5／水大さじ 4／手粉（片栗粉）少々／イチゴ中くらいの大きさ 5 個／小豆こしあん 50 g（5 等分して丸めておく）

〈作り方〉

①生地作りは、大福（P 53）の作り方③までと同じ。

②イチゴはヘタを取り、ぬれぶきんで軽くふいておく。

③イチゴひとつひとつをこしあんで包む。

④5 等分した餅の生地を直径約 5 cm に広げ、イチゴのとがったほうを下にして包み、ひっくり返して形をきれいに整える。

⑤余分な手粉を払い、できあがり。

★ヨモギ大福

【材料】5 個分

大福の材料＋ヨモギ適量（ひとにぎりくらい）／重曹少々

〈作り方〉

①ヨモギは柔らかい部分だけを取り、少し重曹を入れたたっぷりの湯で 1～2 分湯がく。柔らかくなったら、水にさらして包丁でよくたたき、水気をしぼっておく。

②大福（P 53）の作り方②のときにヨモギを混ぜ、あとは大福と同様に作る。

**ちょっと一言**

ヨモギの処理については、草餅（P 52）も参考にしてください。

いずれも、大福のように電子レンジを利用してもできます。

### 温かい黄な粉のおはぎ

# ホットおはぎ

【材料】２人分

冷やごはん軽く茶碗１杯／塩少々／切り餅１個（４つに切っておく）／＊黄な粉大さじ４と砂糖大さじ２、塩ひとつまみは混ぜておく

〈作り方〉

①蒸し器に入る大きさの金ザルにぬれぶきんを敷き込み、底にごはんを広げて塩少々を振る。

②①の上に餅をのせてふたをし、ふたに乾いたふきんをかませ強火で７～８分、餅がとろけるまで蒸す。

③蒸しあがったらすぐにボウルに移し、先をぬらしたすりこぎで全体が均一になるまでつき混ぜる。

④手水をつけながら、餅を一口大に丸め、砂糖と混ぜた黄な粉をまぶしていただく。

**ちょっと一言**

昔は、鏡開きのお餅を利用して、こんなおやつを作ったものです。温かいうちに黄な粉をまぶしてホカホカを召し上がってください。冷めても柔らかいのでおいしくいただけます。

ベーキングパウダーだけで膨らまそう

# ふんわりあんまんじゅう

【材料】12〜13 個分

＊薄力粉 400 g（カップ 4）／ベーキングパウダー大さじ 1.3／砂糖カップ 1／水 150 cc（カップ 3/4）／植物油大さじ 1.5／小豆粒あん 300 g（12〜13 等分して丸めておく）／まんじゅうの下に敷く紙（オーブンペーパーなど）12〜13 枚（7〜8 cm 角）

〈作り方〉

①ボウルに薄力粉とベーキングパウダーをふるい入れ、砂糖を分量の水で溶かして加え混ぜたら、ひとまとめにする。さらに植物油を加えよくもみまとめる。ラップをして約 15 分休ませる。

②①を棒状にして 12〜13 等分し、まず丸めてから直径 7〜8 cm に広げ、あんをのせて包み、紙の上にあんのとじ目を下にしてのせる。蒸し器に並べ、ふたに乾いたふきんをかませて強火で 15 分蒸す。

③網などの上に取り出し、うちわであおぐとツヤが出る。

**ちょっと一言**

甘いあんだけでなく、ひじきの煮物やきんぴらを刻んで入れてもおいしいです。

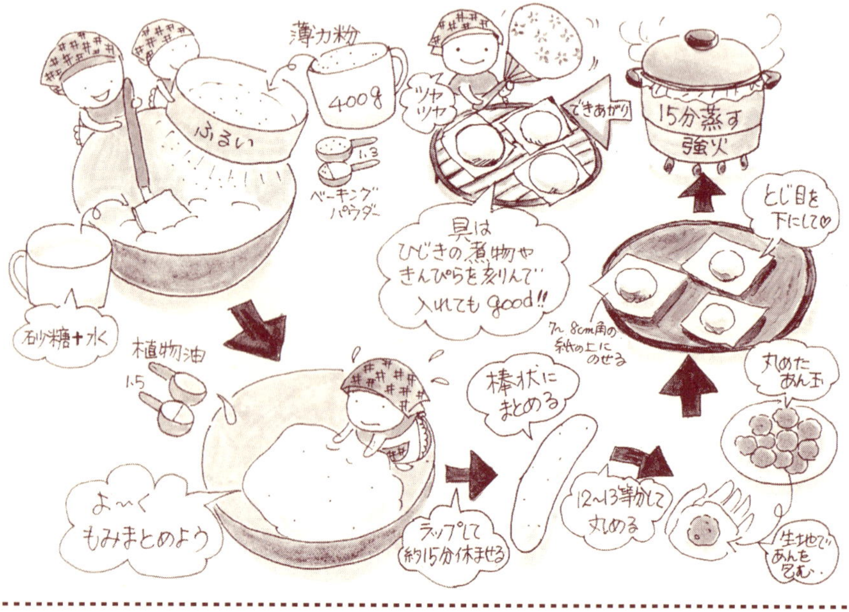

## 上新粉を使ったしっとりカステラ

# 中華風蒸しカステラ

【材料】直径 18 cm のケーキ丸型 1 つ分（底に紙を敷き、内側に植物油を薄くぬる）
＊薄力粉 40 g（カップ 2/5）／上新粉 40 g（カップ 1/3 強）／＊卵中 3 個／砂糖 80 g（カップ 2/3 強）／酒大さじ 1／フルーツ類（ドレインチェリー 2 個とアンゼリカ 6 cm、レーズン大さじ 2 は、一度洗い、チェリーとアンゼリカ半分はトッピング用として大きくカット、残りは粗刻みしておく）

〈作り方〉

①薄力粉と上新粉はいっしょにふるっておく。

②卵は卵白と卵黄に分け、卵白は砂糖を 2〜3 回に分け入れながら、しっかり角が立つまで泡だてメレンゲを作る。

③②に卵黄を 1 個ずつ加えて混ぜ、酒、フルーツ類も加え、①を入れサックリ混ぜる。

④③を型に流して上にトッピングをし、乾いたふきんをかませた蒸し器で 15〜20 分強火で蒸す。真ん中を押してみて弾力があれば OK。できあがったら網などに取り出す。

### ちょっと一言

- 上新粉が混ざると、しっとりします。
- 赤と緑のドレインチェリーとアンゼリカが加わると中華っぽい雰囲気になりますが、レーズンだけでもふだんのおやつには十分です。

## 片栗粉を入れるのがとろみのコツ

# お 汁 粉

【材料】7～8 人分

小豆 300 g（カップ $1\frac{3}{4}$ 強）／砂糖 350 g（カップ 3 強）／片栗粉大さじ 2（大さじ 2 の水で溶いておく）／塩小さじ 1/2／焼き餅や白玉団子などお好みで

〈作り方〉

①小豆とたっぷりの水をいっしょの鍋に入れ、強火にかけ沸騰させる。しばらくすると水が赤錆び色になってアクが出るので、いったん水を捨てて新たに水をはり、中火で煮る。

②再び沸騰したら弱火にして小豆が柔らかくなるまで（指でつぶせるくらい）、豆が常に少し水をかぶっているよう、さし水をしながらコトコト煮る。

③②に砂糖を入れて煮溶かす。

④人数分に足りないようだったら水を入れて調節して煮たて、水溶き片栗粉を混ぜながら回し入れ、様子を見ながら少しとろみをつける。塩を加える。

⑤好みで焼いた餅や白玉団子を入れる。

**ちょっと一言**

◆お汁粉に片栗粉を入れることで少しとろみがついて、家庭のお汁粉っぽくなります。

◆豆に砂糖を入れて（③の状態）1 日くらい置くと豆の芯まで甘くなり、味がなじんでおいしくなります。

### 繊維質も摂れて、とっても簡単

# リンゴとサツマイモのきんとん風

【材料】3〜4 人分

リンゴ中 1 個／塩ひとつまみ／水大さじ 3／サツマイモ 400 g（中 2 本くらい）／砂糖 40〜50 g（大さじ 4 強〜5 強）

〈作り方〉

①リンゴはよく洗い、皮のまま 8 等分して芯を取り薄く切る。塩、水といっしょに鍋に入れふたをせず弱火でコトコトと水気がなくなるまで煮る。

②サツマイモは皮を厚めにむき、5 mm くらいの輪切りにし、水にさらしたあとひたひたの水で柔らかくなるまで弱火でコトコト煮る。

③イモが柔らかくなったら、余分な水は捨て、火からおろす。すりこぎで軽くつき、砂糖、①のリンゴを加えて混ぜ、ゆるいようだったら少し弱火で練る。

## ちょっと一言

③で煮すぎないこと。ちょっとゆるめのほうがおいしいです。

リンゴといえば食物繊維が豊富、便秘に効果的ということはよく知られています。そのほかにも、ナトリウムを排出してくれるカリウムを多く含むので、血圧降下作用もあります。とくに、皮ごと食べるのが効果的。そのままでは食べにくい場合は、このレシピのように煮込むと食べやすくなります。皮も安心な無農薬のリンゴを選びたいものですね。

## どんなリンゴでも煮ればオイシイ！

# 煮リンゴ

【材料】3〜4 人分

リンゴ中 2 個／砂糖カップ 1/2〜1（リンゴの甘さによって調節する）／レモンの皮 2 〜3 切／塩少々

〈作り方〉

①リンゴは 6 つ割りにし、皮をむいて芯を取り、薄い塩水につけておく。

②底の広い鍋に砂糖と同量の水を煮たて、レモンの皮を加え弱火にし、リンゴを並べる。均等に火が回るよう、リンゴの形をこわさないようにときどき返しながら煮る。

③リンゴが透き通った感じになってきたら、バットなど平らな容器に取り出して並べ、残った汁もかける。冷めたら密閉容器に入れ、冷蔵保存しておく。

### ちょっと一言

◆あまりおいしくないリンゴでも、煮リンゴにするとおいしくなります。パイにしたり、ホットケーキやトーストに添えたりと用途はいろいろ。

◆冷蔵庫で約 10 日もちます。

◆応用としてリンゴジャムもできます。

①リンゴ中 2 個は 8 つ割りにし、芯と皮を取り除いて薄く切り、塩少々を入れた水につけておく。

②①のリンゴをザルにあげ水気を切ったら、厚手の鍋に入れ砂糖（リンゴの重量の 20%）、レモン汁（半個分）も加えよくからめる。

③中火にかけてそのまま煮てゆく。ふたはせずに煮詰め、水分がほとんどなくなってきたらできあがり（リンゴが透き通った感じになる）。密閉容器に入れ冷蔵庫で約 2 週間保存可能。

緑黄色野菜を使ったヘルシーようかん

# 野菜ようかん2種

★カボチャようかん

【材料】4〜5 人分

カボチャ 400 g（中 1/3 個）／水カップ 1/2／粉寒天小さじ 1 強／砂糖大さじ 5〜6／塩ひとつまみ

〈作り方〉

①カボチャは種と皮を取り 2 cm くらいのサイコロ状に切って、ひたひたの水で柔らかくなるまでゆでる。

②柔らかくなったら、余分な水は捨てて再び火にかけ、ゆすってしっかり水分を飛ばす。

③火からおろし、すりこぎのようなものでカボチャをよくつぶす。

④別の鍋に水カップ 1/2 と粉寒天を入れ、混ぜながらしっかり沸騰させて、煮溶かす。

⑤粉寒天がしっかり溶けたら砂糖と塩を加え煮溶かす。③を入れて均一になるようよく混ぜ、好みの型に流し固める。流し缶、グラスなどでもよい。

★サツマイモようかん

【材料】4〜5 人分

サツマイモ 250〜300 g（中 1 本強〜1 本半）／水カップ 1/2／粉寒天小さじ 1 強／砂糖大さじ 5〜6／塩ひとつまみ

〈作り方〉

①サツマイモは皮を厚くむいて 1 cm くらいの厚さの輪切りにし、5 分ほどたっぷりの水にさらしてアクを抜く。

②①をひたひたの水で柔らかくゆでたら、あとはカボチャようかん②以下と同様に作る。

**ちょっと一言**

簡単なのでここでは材料を煮ていますが、手間をかけられる場合は、蒸し器で蒸しても同様に作れます。

COLUMN

# 子どもの嗜好は変わったか

## カタカナメニューから漢字メニューへ

東京都八王子市では、熱心に食育に取り組んでいるグループがあります。給食の人気メニューや残飯率の高いメニューをうかがいながら、いまの子どもたちの食生活の実態を探ってみました。

人気メニュー：スパゲティーミートソース、ハンバーグ、カレーライス、フライドポテト、フライドチキン……。

残飯率の高いメニュー：煮物、混ぜご飯、味噌汁、煮豆類、小魚類……。

なにか気づきませんか？　好きなメニューはカタカナ、嫌いなメニューは漢字に、みごとに分かれています。小学校で働く管理栄養士の佐藤瑞恵さんは、「カタカナメニューから漢字メニューへ」と好みの転換を図るべく努力しているそうです。

「家庭でも、カタカナメニューの食事が多いうえに、おやつもスナック菓子がほとんど。こうした食生活は、満腹感はさほど感じなくても、油脂・糖分を摂りすぎてしまうきらいがあるんです。そして、野菜、豆、小魚、海草、きのこ類が不足し、重要な栄養素である食物繊維、亜鉛、鉄、カルシウム、ビタミン、ミネラルの不足につながります」

また、給食現場で働く２人の調理員は、口をそろえてこう言います。

「煮物でも味つけの濃いものは食べるんですよ。既製のおかずやおやつを食べ慣れている子は、味が濃いものが好きなのね。薄い味つけの手料理を作り、家庭で食べ物の話をもっとしてほしい」

母親だけではなく、父親や祖父母も主体的に子どもの食に関心をもってほしいですね。とくに、週休二日制で一日の授業時間が増えた学校では、給食指導までなかなか手が回りません。食生活の基礎は、家庭できちんと教えていきたいですね。

「人間の体は食べ物からできています。『食』という字は『人を良くする』と書くでしょう。幼児期から日常生活のなかで繰り返し食べ物の大切さを伝えてほしいと思います」(佐藤さん)

といっても、むずかしくはありません。３食きちんと食べる、バランスよい食事を心がける、スナック菓子・ファストフードはなるべく食べない。この３つに尽きると思います。そのうちひとつだけでも始めてみませんか？

## 良質な葛粉を使えば驚くほど美味

# ごま葛餅

【材料】4～5 人分（11×14 cm の流し缶 1 つ分）

本葛粉 100 g（カップ 1 弱）／水 500 cc（カップ 2½）／砂糖 50 g（大さじ 5 強）／黒すりごま適量／黒蜜（P 21 参照）適量

〈作り方〉

①ボウルに葛粉を入れ、分量の水を少しずつ加えながらしっかり溶かす。溶けたら砂糖も加え、よく混ぜる。

②①を厚手の鍋に移して中火にかけ、木べらでゆっくり混ぜていると、鍋底から火が通りはじめるので、火を弱め焦がさないように練る。

③全体に透明感が出てきたらできあがり。水でぬらした流し缶に移し入れ表面を平らにし、そのまま室温で固める。

④固まったら湿らせたまな板の上に取り出し、3 cm 角くらいの四角に切り、黒すりごまをよくまぶして皿に盛り、黒蜜をかけていただく。

**ちょっと一言**

簡単にできるわりに、絶品のおいしさ。ぜひ試してみてください。

余ったら冷蔵庫で保存できますが、長く置いておくと独特のモチモチ感がなくなってしまうので、なるべく適量作ってできあがりを食べきってしまいましょう。

甘くてちょっぴり酸っぱいおいしさ

# 干しアンズの蜜煮

【材料】大約 30 個分

干しアンズ 300 g／グラニュー糖または上白糖 150 g（カップ 1 弱または $1\frac{1}{3}$ 強）／水 300 cc（カップ $1\frac{1}{2}$）

〈作り方〉

①干しアンズはさっと水洗いして、厚手の鍋に入れる。

②砂糖、水も加えそのまま 30 分くらいつけて、少しもどす。

③中火にかけ、ふたをしないで煮はじめ、沸騰してきたら弱火にし、コトコト煮続ける。アクが出たら取り除き、煮汁がトロリとした感じになるまで煮る。

④冷まして密閉容器に入れ冷蔵庫で保存。

## ちょっと一言

冷蔵庫で 1 カ月くらいもちますが、ときどき煮返しておくと安心です。

そのままお茶受けに、お弁当のアクセントに、みつ豆に、紅茶にと、けっこういろいろ使えてとても便利です。ドライフルーツを使うので、季節を選ばず作っておけるのもうれしいですね。

アンズはカロリーが低く、ビタミンEやカロチンを多く含み、肌や目によいといわれていますから、女性はぜひ摂りたいものです。とくに、干しアンズには、ナイアシンや鉄が多く含まれていて、妊婦にもおすすめです。ビタミンEは動脈硬化を抑制します。北パキスタンにある長寿村でも、アンズは常食だとか。あまりなじみのないものですが、簡単にできますので、ぜひ試してみてください。

煮るおやつ



香り・見た目も楽しめて、のどにやさしい

# キンカンの甘煮

【材料】大約20個分

キンカン400g／砂糖100g（カップ1弱、キンカンの重量の25％くらい）／水400cc（カップ2）

〈作り方〉

①キンカンは洗ってヘタを取り、煮たとき破れないように一番膨らんでいる部分に、縦に細かく切れ目を入れる。

②鍋にたっぷりの水とキンカンを入れて火にかけ、沸騰直前に水に取りしばらく冷やす。

③砂糖と水400ccを鍋に煮たてたら、ザルにあげ水気を切ったキンカンを加える。

④沸騰してきたら落としぶた（クッキングペーパーがよい）をする。20分ほど弱火で煮たら、火を止めてそのまま冷めるまで置く。

⑤④をもう一度火にかけ、沸騰してきたら弱火にして5～6分煮、火を止めてそのまま冷ます。

**ちょっと一言**

◆ビンなどに移して冷蔵庫で保存し、1カ月を目安に食べきりましょう。

◆キンカンは冬のものですが、手に入るときに作っておくとジャムとしても使えるし、お湯に溶かしてドリンクとしていただけばのどの痛みがやわらぎます。栄養価も高く、ビタミンCとカロチンが豊富。とくに、皮に多く含まれているので、皮ごと食べられる甘煮はおすすめです。

◆種が気になる場合は、竹串などを差し込んで取り除いてください。

## なつかしい煮豆のおやつ

# 金時豆の甘煮

【材料】大きなどんぶり１杯分くらい

金時豆 300 g／水カップ 2／砂糖 170 g（カップ $1\frac{1}{2}$ 強）／＊醤油大さじ 1／塩少々

〈作り方〉

①豆はぬるま湯に 4~5 時間つけてもどす。

②水切りをしたら、新たにたっぷりの水で煮たて、10 分ほどゆでたらザルにあけて、アクを取る。

③新しい水に替え、沸騰したら火を弱くして落としぶた（できれば紙などがよい）をし、コトコト静かに柔らかくなるまで煮る。豆によっては早く煮えるものもあるので、途中で何度か柔らかさの様子を見る。

④水カップ 2 と砂糖を別鍋に入れて 5 分くらい煮たてる。

⑤④に、ザルにあけ水を切った豆を静かに入れ、5 分ほど弱火で煮て味を含ませ、醤油、塩も加えそのまま冷ます。

**ちょっと一言**

冷めたら再び温め、また冷まして再び温める、という作業を 1~2 回繰り返すと、味がより染みておいしくなります。

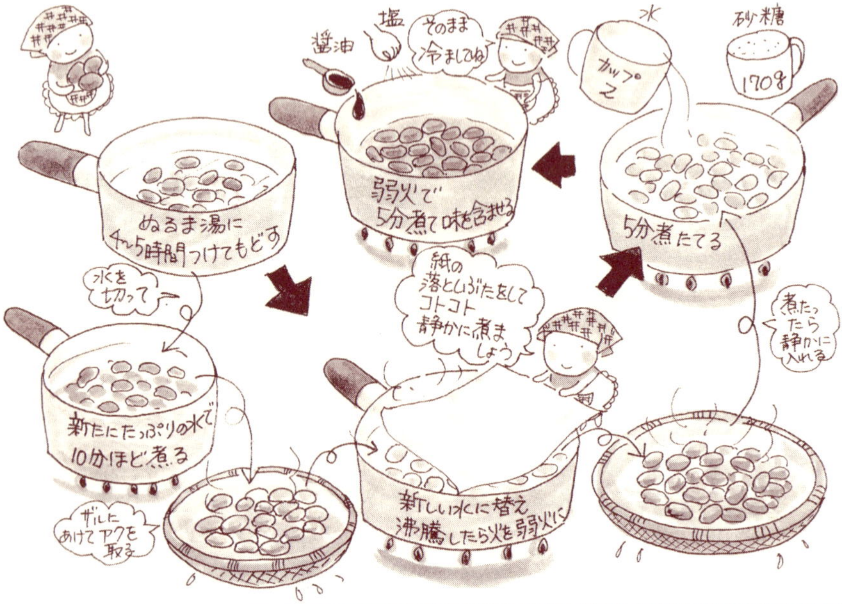

煮るおやつ

ふっくら、じっくり煮てお茶受けに

# 花豆煮

【材料】大きなどんぶり1杯分くらい

花豆300g／蜜（水450ccに砂糖250gを入れ煮溶かす）／＊醤油大さじ1

〈作り方〉

①花豆は固くて大きいのでたっぷりの水につけ、一晩以上ふやかす。

②豆と4倍量くらいの水を鍋に入れ強火にかける。

③沸騰したら弱火にし、30分ほどコトコト煮たら煮汁を捨てて新しい水に替え、またゆっくりと煮はじめる。

④ごく弱火で豆が柔らかくなるまで（豆の種類により10〜30分）煮る。このとき、豆が鍋の中で動くと煮崩れしやすいので紙の落としぶたをするとよい。

⑤作っておいた蜜を熱したところに、柔らかく煮えた豆をそっと移し一晩味を染み込ませる。

⑥醤油を加え、紙の落としぶたをして煮汁が1/3量になるまでごく弱火で煮詰めて（火の加減により10〜20分）、火からおろしそのまま冷ます。

**ちょっと一言**

- 新しい豆ほど早く煮えるので、煮崩れに注意しましょう。
- 時間がたつと皮も柔らかくなり甘味もなじみます。
- 冷凍保存もできるので多めに作っておくと便利。1カ月ほどもちます。食べる分だけ室温で自然解凍して使いましょう。

タンパク質豊富な大豆で素朴な風味

# ぶどう豆の甘煮

【材料】大きなどんぶり１杯分くらい

＊大豆カップ２／水カップ６／砂糖カップ$1\frac{1}{2}$／＊醤油大さじ３

〈作り方〉

①大豆はよく洗い、カップ６の水につけ一晩置く。

②水ごと鍋に移し強火にかけ、煮たったら、弱火にして紙の落としぶたをし、柔らかくなるまで約40分煮る。

③柔らかくなったら半量の砂糖を入れ、7～8分煮る。

④残りの砂糖を加え、少し煮たったところで醤油も加え、火を止めてそのまま冷ます。

**ちょっと一言**

- 煮る時間ですが、豆の種類によって30～50分とかなり開きがありますので、途中で柔らかさを確認しましょう。
- 2～3日たったほうが味が染み込んでおいしいです。1日1回火を通すたびに味がなじみます。
- 大豆は体をつくるうえで重要なタンパク質が豊富です。子どもには欠かせない栄養素のひとつですので、おやつにも大いに活用しましょう。

緑色が鮮やか！　小さくて食べやすい

# ウグイス豆煮

【材料】大きなどんぶり１杯分くらい

乾燥青えんどう豆カップ１／重曹小さじ１／塩少々／だし汁カップ$1\frac{1}{2}$／砂糖大さじ４／みりん大さじ３

〈作り方〉

①ボウルに青えんどう豆と重曹を入れ、たっぷりの水も入れて、一晩つけておく。

②ザルに豆をあけ、水で洗ったら鍋に入れ、塩ひとつまみも入れてひたひたの水をはり、強火にかける。沸騰したら弱火にしてコトコト煮、水が足りないようなら加えて少し固めに煮る。

③②の豆はザルにあけ、新たにだし汁、砂糖、みりんを入れて煮、途中で塩ひとつまみを入れる。煮汁が少なくなるまで紙の落としぶたをして煮詰める。

## 市販ものとは香りがちがう

# 栗の甘露煮

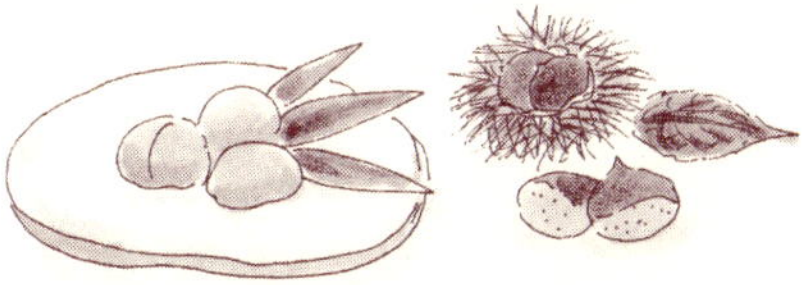

【材料】25〜35 個分

栗皮つき 500〜600 g（中 25〜30 個）／ミョウバン大さじ 2／水 750 cc（カップ $3\frac{3}{4}$）／クチナシの実 1 個／水 500 cc（カップ $2\frac{1}{2}$）

蜜…砂糖 150〜170 g（カップ $1\frac{1}{3}$ 強〜$1\frac{1}{2}$ 強）／水 300 cc（カップ $1\frac{1}{2}$）

〈作り方〉

①栗はたっぷりの水で 2〜3 分湯がき（皮をむきやすくするため）、あら熱が取れるまでそのまま置く。

②鬼皮（殻）と渋皮（薄皮）をむいたら、ミョウバン大さじ 2 と水 750 cc をよく混ぜたボウルに入れ、1〜2 時間つけておく。

③クチナシの実を砕き、水 500 cc に入れきれいな黄色になるまで煮たてる。栗をザルにあけ、水気を切って加える。沸騰したら弱火で約 15 分固めに煮て、あら熱が取れたらそっと洗ってザルにあげる。

④分量の砂糖と水で蜜を作り、煮たてたところによく水気を切った栗を入れ、紙の落としぶたをして弱火で 30 分ほど煮る。一晩そのままにしておき、もう一度煮たて、固いようならそこでもう少し煮てそのまま冷ます。

**ちょっと一言**

できあがったら、蜜ごとビンなどに入れて冷蔵庫で保存しましょう。1 カ月ほどもちます。

栗の大きさなどによって、煮る時間は調節してください。

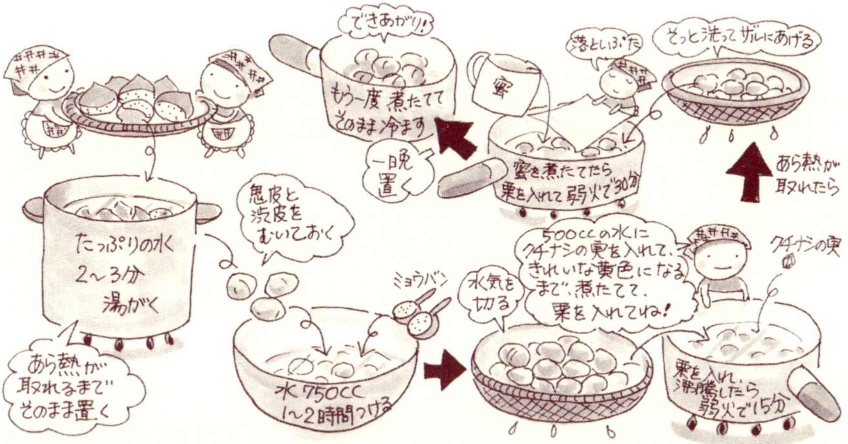

秋にぜひトライしたい簡単レシピ

# 栗の茶巾しぼり

【材料】12～15 個分

栗（ふっくらしたもの／皮つきのまま）約 450 g（中 22～23 個）／砂糖大さじ 3～4

〈作り方〉

①栗はよく洗って鍋に入れ、たっぷりの水をはって水から煮はじめ、50 分くらいコトコトゆでる。

②少し熱いくらいのうちにナイフで半分に切り、渋皮に近いところは避けて中心部分をスプーンでかき出し、温かいうちに裏ごしをする。

③砂糖を加えて混ぜる。ベタつくような栗の場合は、生地を皿に平らにのせ、ラップなしで電子レンジに 1～2 分かけ、水分を少し飛ばして固さを調節するとよい。

④12～15 等分して軽く丸め、ラップに包み茶巾にしぼる。

**ちょっと一言**

日もちしないので、作った日にいただきましょう。

栗の主成分はでんぷんですが、ビタミンも多く含みます。中国や韓国では栗をよく使いますが、漢方では体を温める作用があるといわれており、血液の流れをよくして体の調子を整え、疲労回復に効くといいます。秋に出回る栗を食べることで夏の疲れを癒す…というわけですね。

煮るおやつ

## 意外な食材がしゃれたおやつに変身

# 大和イモの茶巾しぼり

【材料】10～12 個分

水カップ 2／酢大さじ 1／塩小さじ 1／大和イモ（皮をむいて正味 1 cm にスライス）400 g／梅干大 2 個（種を取って細かく包丁でたたいておく）／砂糖 140 g（カップ $1\frac{1}{4}$ 強）

〈作り方〉

①鍋に水カップ 2、酢、塩を入れて大和イモを入れ、ひと煮たちさせたらザルにあけて水をかけ、ぬめりを洗い流す。

②鍋に湯を沸かし、中火にしたらイモを入れ、竹串がスッと通るくらいまでゆでてザルにあける。

③イモを万能こし器などで裏ごしして鍋に入れ、梅干、砂糖を加え弱火にかけて混ぜ、鍋底をこするようにして焦げないように注意しながらポッテリするまで水分を飛ばす。

④乾いたふきんの上に③を小分けに出し、ほぼ冷めるまで置いておく。冷めたらふきんごとひとまとめにしてよくもみ、固さを均一にする。

⑤④を 10～12 等分にして軽く丸めておく。水にぬらして固くしぼったさらしの布でひとつひとつ茶巾しぼりにしていく。

**ちょっと一言**

しぼるのが面倒ならおしゃれな器にこんもり盛ってもきれいです。

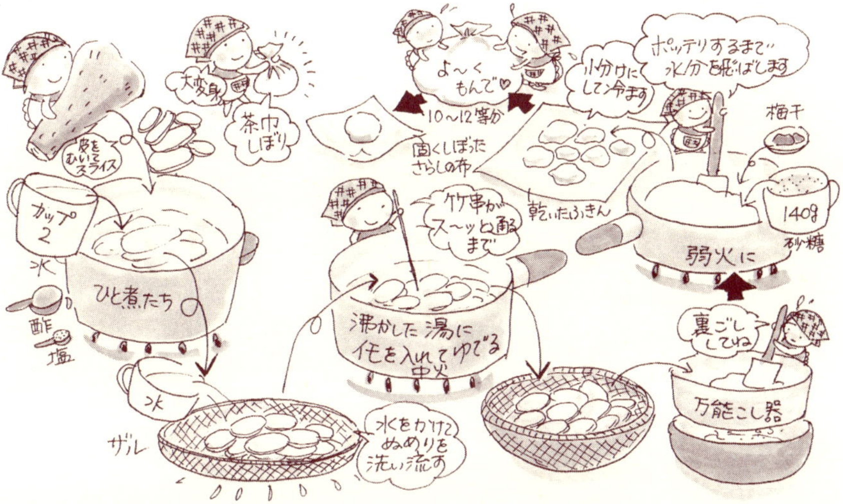

小豆あん以上においしいサツマイモあん

# サツマイモのあん玉

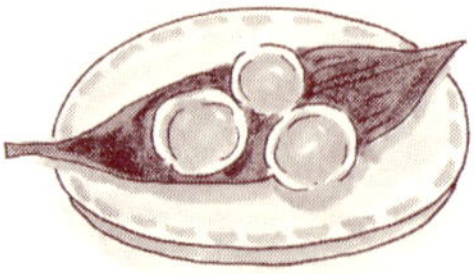

【材料】10 個分

あん…サツマイモ 250 g（中 1 本強）／砂糖 50 g（大さじ 5 強）／塩ひとつまみ

衣…水大さじ $3\frac{1}{2}$／粉寒天小さじ 1/2／砂糖 50 g（大さじ 5 強）

〈作り方〉

①サツマイモは皮を厚くむき 1 cm ほどの厚さに切り 10 分ほど水にさらしてから、ひたひたの水で柔らかくなるまでゆでる。

②①の水気を切り、再び鍋にもどしたら弱火にかけ、ゆすって余分な水分をさらに飛ばす。

③②を火からおろしてすりこぎなどでよくつぶす。

④③に砂糖と塩を加えてよく練り、ねっとりさせる（イモの種類によってゆるいようなら少し火にかけ、練って水分を飛ばす）。これがサツマイモあんになる。

⑤④を大さじ 1 ずつすくい、丸めてオーブンペーパーの上に間隔をあけて並べる。

⑥衣を作る。小鍋に水と粉寒天を入れ火にかけ、混ぜながら沸騰させてよく溶かす。溶けたら砂糖を加え、再び沸騰させて 1 分くらい煮詰め、寒天液を作る。

⑦トロリとした寒天液をハケに含ませて、並べたあんにていねいにたっぷりぬる。途中で寒天液が固まってしまったら、再び火にかけて溶かして使う。

⑧固まったらできあがり。

**ちょっと一言**

- 常温でもすぐに固まります。冷蔵庫で冷やしてもとてもおいしいです。
- 冷蔵庫で 1～2 日もちます。
- 蒸す手間がかけられる場合は、材料を蒸し器で蒸しても同様に作れます。

ありあわせの野菜と餅でボリューム満点

# スープ餅

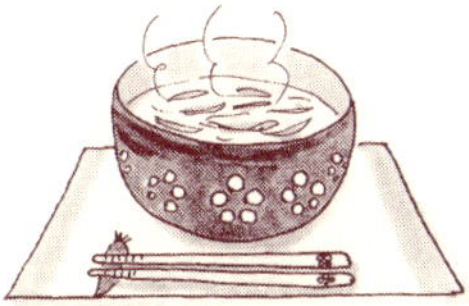

【材料】2人分

切り餅2個／大根100〜150g（中2cmくらい）／人参少々／長ネギ10cm／水カップ2〜2.5／鶏ガラスープの素小さじ1／塩・コショウ各少々／ごま油小さじ1

〈作り方〉

①餅は1cm幅の棒状に切る。

②大根、人参は長さ4〜5cm、幅2cmくらいの短冊切りにする。

③長ネギは3cmの長さに切る。

④鍋に水カップ2〜2.5と鶏ガラスープの素、大根、人参、長ネギを入れて熱し、沸騰したら弱火で5分ほど煮る。

⑤④に餅を加え、柔らかくなったら味をみて塩・コショウで調節し、ごま油を加えて火を止める。アツアツをいただく。

**ちょっと一言**

お餅は消化によいので、夜食にもぴったり。簡単に作れるうえに野菜も入っているので栄養バランスもよく、軽い朝食代わりにもなりそうです。お餅が余ったときにぜひ試してみてください。

イーストを使わず短時間で完成

# ミニあんドーナツ

【材料】16 個分

＊バター 20 g（大さじ 1.5）／砂糖 60 g（大さじ 6 強）／＊卵中 1 個／＊牛乳 50 cc（大さじ 3 強）／＊薄力粉 200 g（カップ 2）／ベーキングパウダー小さじ 2.5／小豆粒あん 350 g（16 等分に丸めておく）／揚げ油（植物油）適量／＊手粉（薄力粉）少々

〈作り方〉

①ボウルにバターを入れ室温で柔らかくしておく（溶かさないこと）。

②①に砂糖を加え、ゴムべらでよくすり混ぜ、卵、牛乳を加え、さらに混ぜる。

③②にふるった薄力粉とベーキングパウダーを加えてサックリと混ぜ、手粉を敷いておいたバットに取り出して棒状にし、16 等分にする。

④手粉をつけながら生地を丸く広げ、あんを包み、とじ目をしっかり留めておく。

⑤④の余分な手粉を払い、170 度（菜箸の先を入れるとシュワと泡だつ程度）の油でキツネ色になるまでゆっくりと揚げる。

⑥油を切ったらお好みで砂糖をまぶしてもおいしい。

## ちょっと一言

④で生地のとじ目をしっかり留めておくのは、油の中に入れたときパンクしないようにするためです。

皮つきイモが鮮やかでホクホク

# 大学イモ

【材料】3〜4 人分

サツマイモ 400〜500 g（中約 2 本）／＊醤油大さじ 1.5／砂糖大さじ 2／みりん大さじ 2／水大さじ 2／揚げ油（植物油）適量／いりごま少々

〈作り方〉

①洗ったサツマイモは皮ごと乱切りにし、約 10 分たっぷりの水にさらしてザルに取る。

②サツマイモの水気をしっかり取り、160 度（菜箸の先を入れると少しシュワと泡だつくらい）の油で竹串がスッと通るまで揚げたら、紙などの上に取る。

③イモの油気が落ち着いたら、もう一回、180 度（菜箸の先を入れるとすぐにシュワシュワと泡だつくらい）の油で今度はキツネ色になるまで揚げる。

④フライパンに醤油、砂糖、みりん、水を入れ、中火で煮たて蜜を作る。ジュワジュワと細かい泡がたつくらいまで煮詰めたら、揚げたイモがまだ熱いうちに一度に入れ、全体に蜜をからめ、仕上げにごまを振る。

**ちょっと一言**

素朴な甘さの大学イモは、今も昔も人気の和のおやつ。できたて、アツアツはおいしさも格別です。

イモが苦手な人も食べやすい

# イモ松葉

【材料】3～4 人分

サツマイモ 400～500 g（中約 2 本）／砂糖大さじ 8／水大さじ 1／揚げ油（植物油）適量

〈作り方〉

①サツマイモは皮つきのまま 3～4 mm の厚さの斜め切りにし、さらに 4～5 cm の角棒のように切って約 5 分水にさらし、ザルにあげて水気をよく取る。

②160 度（菜箸の先を入れると少しシュワと泡だつくらい）の油で、2 回に分けてイモを揚げていく。イモの色が黄色くなってからも 2～3 分揚げ（少し固めに）、紙の上に取り出す。

③油の温度を上げて 180 度（菜箸の先を入れるとすぐにシュワシュワと泡だつくらい）にし、イモを全部入れてゆっくり混ぜながら薄いキツネ色になるまで 2～3 分揚げ、紙の上に取り出す。

④鍋の油をあけて紙でふいたところに、砂糖と水を入れて中火にする。ジュワジュワ泡が細かくなって、菜箸の先をつけて離すと少し糸を引く感じになってきたら火を止め、一度に揚げたイモを入れ、手早く全体に蜜をからませる。

⑤からまったら、再び強火にかけ鍋をゆすりながら菜箸でイモを混ぜていると、少し粉がふいた感じになってくる。すぐに火を止め、混ぜ続けて全体に白っぽく変わってきたら、皿に取り出す。

**ちょっと一言**

⑤で火にかけたままずっと混ぜているとベトベトになり、イモ同士がくっつくので、白っぽくなったらすぐ皿にあける。

粉と牛乳と砂糖だけの素朴なおやつ

# ねじりんぼう

【材料】3～4 人分

＊薄力粉 200 g（カップ 2）／＊牛乳 110 cc／砂糖大さじ 2／水大さじ 2 強／揚げ油（植物油）適量

〈作り方〉

①ボウルに薄力粉をふるい入れ、牛乳を少しずつ加えながら箸で混ぜたあと、しっかりこねる。全部がきれいにひとまとまりになるくらいの固さがよい。ラップに包んで 20 分ほど休ませる。

②生地を 2～3 mm の厚さに伸ばし、長さ 8 cm、幅 2 cm ほどの短冊に切り、中央に 4 cm ほどの切り込みを入れて一方をその穴にくぐらせてねじる。

③160 度（菜箸の先を入れると少しシュワと泡だつくらい）の中温でキツネ色になるまでゆっくり気長に揚げ、紙の上に取り出す。

④揚げたものが全部入るほどの大きさの鍋に砂糖と水を中火で煮たて、1～2 分ジュワジュワ煮詰めたら火を弱くし、③を一度に加える。混ぜていると最初はベタベタしていたものがほぐれた感じになってくるので、そこまで混ぜ続けてから皿に取り出し、冷めてからいただく。

**ちょっと一言**

ねじれた棒状のお菓子です。ほのかな甘味で、クセになるおいしさです。

アツアツでも冷めてもおいしい

# 中華風ごま団子

【材料】12 個分

小豆こしあん 200 g／黒練りごま大さじ 2／塩ひとつまみ／水大さじ 2／白玉粉 150 g（カップ $1\frac{1}{2}$ 弱）／砂糖小さじ 1／水約 130 cc／洗いごま（白でも黒でもよい）適量／揚げ油（植物油）適量

〈作り方〉

①鍋に小豆こしあん、黒練りごま、塩、水を入れ、軽く混ぜたら中火にかけてポッテリするまで焦げないように練りあげる。

②乾いたふきんの上に小分けにして出し、冷めたら 12 等分して丸めておく。

③ボウルに白玉粉、砂糖、水を入れてよく練り、耳たぶより少し固めにする。12 等分して丸く広げ、はみ出ないよう②のあんをしっかり包む。

④バットに洗いごまをたっぷり敷き詰めておき、あんを包んだ団子を置いていく。

⑤深めの鍋に 5 cm くらいの深さになるよう油を入れ、140 度（菜箸の先を入れて少ししたら泡が出るくらい）まで温度が上がったら、団子全体にしっかりごまをつけて油の中に入れる。箸でさわらずにそのままにしておくと自然に浮いてくるので、何回か返してごまが少し色づくまで 4～5 分以上、低温でじっくり揚げる。

⑥キッチンペーパーの上に取り出す。

**ちょっと一言**

熱い油に入れるとパンクしやすいので、揚げ油の温度は低温の 140 度くらいを保ちましょう。

いりごまだとすぐ焦げてしまうので、必ず洗いごまを使うようにしてください。「いりごま」と表示されていないものが「洗いごま」です。

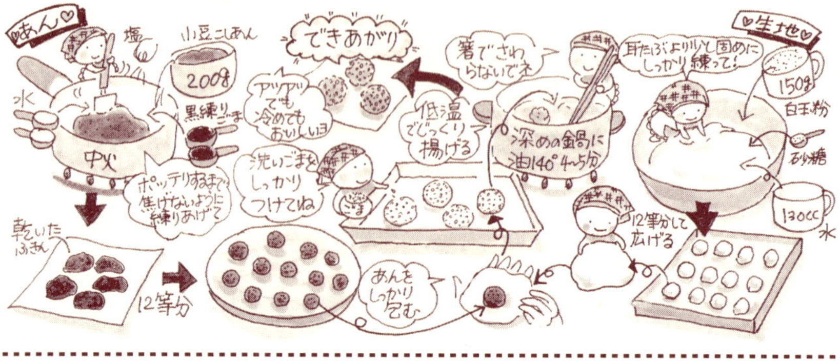

COLUMN

## 置き菓子に出前授業？

### 「食べる意味」「おやつの意味」をあらためて考えたい

「市販の菓子は糖分・油分が多く体によくない」というイメージを払拭しようと、菓子メーカーでは、オフィスに置き薬ならぬ「置き菓子」を置いたり、出前授業と称して学校に乗り出したりしています。

置き菓子は、専用ケースにいろんな種類のお菓子を入れて、1週間ごとに補充して代金を回収する仕組みです。出前授業では、「スナック菓子も食べすぎなければ大丈夫。バランスに気をつければ、食べてもOK」などと、菓子メーカーの社員が子どもたちに話しているとか。お土産にポテトチップスをもらえて子どもたちには好評で、「総合的教育の時間」のテーマに悩む教師からも歓迎されているそうです。しかし、ほんとうにこれがよいことなのでしょうか？

オフィスの置き菓子を買うのは男性が多く、人気はクッキーや米菓子など腹持ちのよいものだといいます。長時間労働のうえに忙しくて、昼食や夕食を十分摂る時間もなく、お菓子ですませているとしたら、働き方そのものを見直さなければなりません。そして、「総合的教育の時間」のテーマを丸投げしてしまう教師の質と、やる気があってもムダな会議や提出物で忙しすぎて、教材作りができない教師がいる背景を問う必要があるはずです。

いまの社会の問題の陰の部分に、市販の菓子メーカーの戦略がうまく入り込んでいるような気がしてなりません。「食べる」ことの意味を考えると、決してただ食欲を満たすだけではないと思います。素材を選び、生産者に思いを寄せ、自然の恵みに感謝しつつ調理する。そして、できたてをみんなで食べる。そういった一連の過程がすべて「食べる」ということにつながっています。

もっと「食べる」ことに関心をもちたい。そのとっかかりとして、子どもといっしょに楽しくおやつを作ってみたい。休日くらいは、家族みんなで食事作りをしてみたい。そんな思いも、この本にはこめられているのです。

そのまま揚げてコクを味わう

# 揚げ餅

【材料】2〜3 人分

切り餅 4 個／揚げ油（植物油）適量

〈作り方〉

①切り餅を 2 つに切り、約 170 度（菜箸の先を入れるとシュワと泡だつくらい）の油で箸が通るまで揚げる。

**ちょっと一言**

甘くしたい場合は、小鍋に砂糖大さじ 1、醤油大さじ 1、みりん大さじ 1 を軽く煮たててタレを作り、からませてどうぞ。

ほかにも、塩を振るだけのシンプルな揚げ餅にしても、醤油をからませおろし大根といっしょに食べてもおいしくいただけます。

お餅はもち米からできており、ほかの穀物と同様、でんぷん質を多く含む食品です。独特の粘りと焼いたときの香ばしさはお正月でなくても食べたくなりますね。つい食べすぎて、胃がもたれたり、肥満につながるのでは…と心配する人もいますが、食べすぎなければ消化がよいので、体にやさしく万人に適した食材なのです。

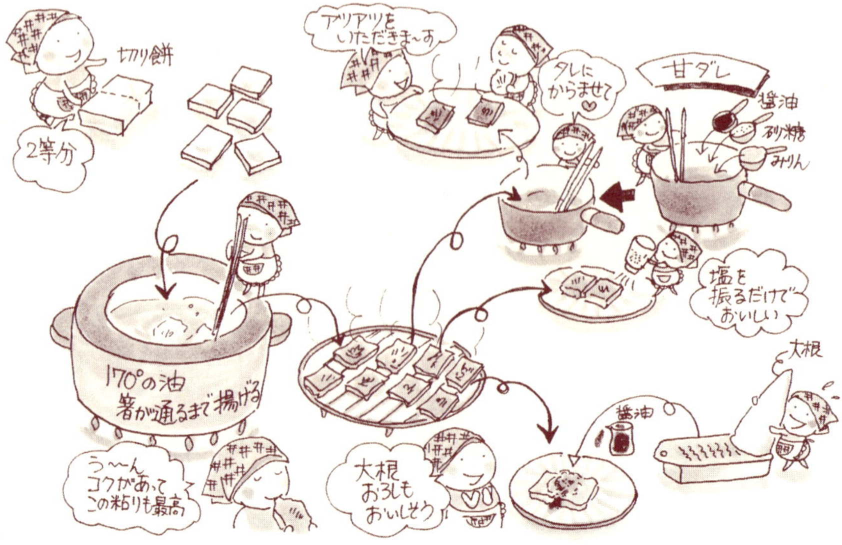

軽いのにコクがある驚きの一品

# 揚げ白玉

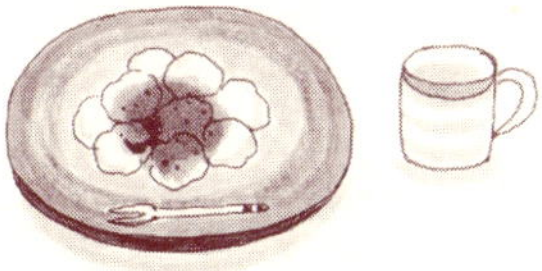

【材料】30 個分（4〜5 人分）

白玉粉 100 g（カップ 1 弱）／水 80〜100 cc（カップ 1/2 程度）／揚げ油（植物油）適量

〈作り方〉

①ボウルに白玉粉を入れ、水を少しずつ入れながら少し固めにしっかりと練る。

②生地を 2 等分して、それぞれ棒状にし、先端から親指の頭くらいにちぎって丸め、キッチンペーパーの上に並べる。

③揚げ油を 160〜170 度（菜箸の先を入れるとシュワと泡だつくらい）に熱し、白玉の真ん中をくぼませてから、油に入れていく。プクッとはじけてから 1 分くらい焦げ色がつかないように揚げ、キッチンペーパーに取って油を切る。

**ちょっと一言**

新しい油で揚げると軽くコクが出ておいしい仕上がりに。

トッピングには、みたらしのタレ（P 28 参照）、砂糖醤油（1 : 1 が基本、あとはお好みで）、黄な粉と黒蜜（お好みの配分で、P 21 参照）、小豆粒あん（P 16 参照）などがよく合います。

## 手軽にできる自然のチップス

# 野菜・昆布チップス

【材料】

サツマイモ、レンコン、カボチャなど好みの量／昆布好みの量／揚げ油（植物油）適量

〈作り方〉

①野菜はそれぞれ 2〜3 mm の薄さにスライスし、水に少しさらしてアク抜きしてから水を切り、さらにふきんなどでしっかり水気を取り、1〜2 時間ザルなどに並べて干しておく。

②昆布は食べやすい好みの大きさに、はさみで切っておく。

③フライパンに揚げ油を 2 cm くらいの深さまで入れ、150〜160 度（菜箸の先を入れると少しシュワと泡だつくらい）で、野菜ごとに別個に揚げる。てんぷらと違ってくっつかないので、たくさん入れても大丈夫。カリッとしてきたらキッチンペーパーなどに取り、油を切る。

④昆布は野菜より低い温度（150 度くらい）でじっくり揚げる。どちらも好みで塩を振ってもよい。湿気ないように保存する。

**ちょっと一言**

◆野菜嫌いのお子さんも、カラッと揚げると案外食べてくれるものです。なるべく良質の油を使いましょう。季節の野菜や、余った野菜を使って、いろいろ試してみてはいかが。

◆水溶性繊維タップリの昆布。天然のうまみ成分を含み、ミネラル、ヨウ素も多く含みます。だし以外にももっと昆布を使いたいですね。

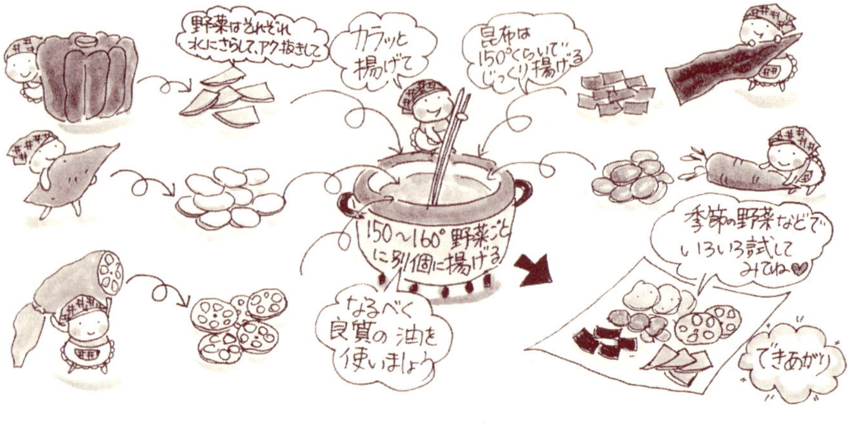

### 昔なつかしいクセになる甘味

# 黄な粉揚げパン

【材料】

＊コッペパンなど人数分／グラニュー糖適量／＊黄な粉適量／揚げ油（植物油）適量

〈作り方〉

①油は180度くらいに熱する。菜箸を入れるとすぐにシュワシュワ泡がたつくらいが目安。

②パンを①に入れ、2分くらいかけて表裏じっくり揚げる。

③キッチンペーパーなどに取って油を切り、熱いうちにグラニュー糖と黄な粉を混ぜた容器の中に入れよくまぶす。

**ちょっと一言**

最近の「昭和回顧ブーム」で黄な粉揚げパンもすっかり人気者になりました。手作りだと、甘味の調整ができるのでいいですね。アツアツでも冷めてもおいしくいただけます。

揚げ油は、使い終わったらすぐに冷まして冷暗所に保管してください。こうすると酸化しにくくなり、少しずつ油を足しながら使用すれば5〜6回使えます。揚げ物の色や煙などが気になるようなら替え時です。油の処分は環境汚染を考え、市販の油処理用品か新聞紙や布に染み込ませて、きちんと処分しましょう。

さわやかな涼味のアクセント

# 黒蜜寒天しょうが風味

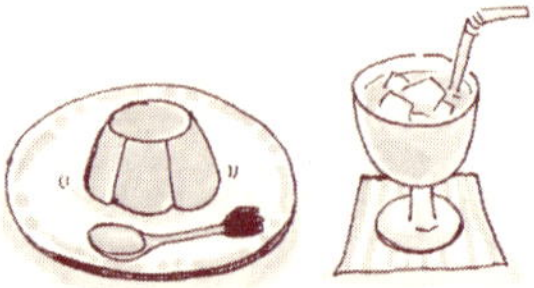

【材料】ゼリー型 8～10 個分

水 800 cc（カップ 4）／粉寒天小さじ 3 強／黒砂糖（固まりでなく細かく砕いたもの）140 g（カップ 1 弱）／砂糖 60 g（大さじ 6 強）／しょうがのしぼり汁小さじ 1

〈作り方〉

①水を入れた鍋に粉寒天を振り入れ、中火で混ぜながらグツグツ 2 分ほど煮て寒天をよく溶かす。

②寒天が溶けたら黒砂糖と砂糖を入れ、アクを取りながら弱火で 1～2 分煮詰める。火を止めしょうがのしぼり汁を加える。

③水でぬらした型に流し固める。

**ちょっと一言**

寒天は室温でも固まりますが、夏場は冷蔵庫に入れて冷やしたほうがおいしいです。

しょうが自体に栄養はそう多くはありませんが、味のアクセントとして大活躍。食欲増進、消臭、抗菌の効果もあります。消炎作用があるため、古くは傷の手当てにも使われていたそうです。夏の食欲のないときに、しょうがを取り入れてみてはいかがですか。

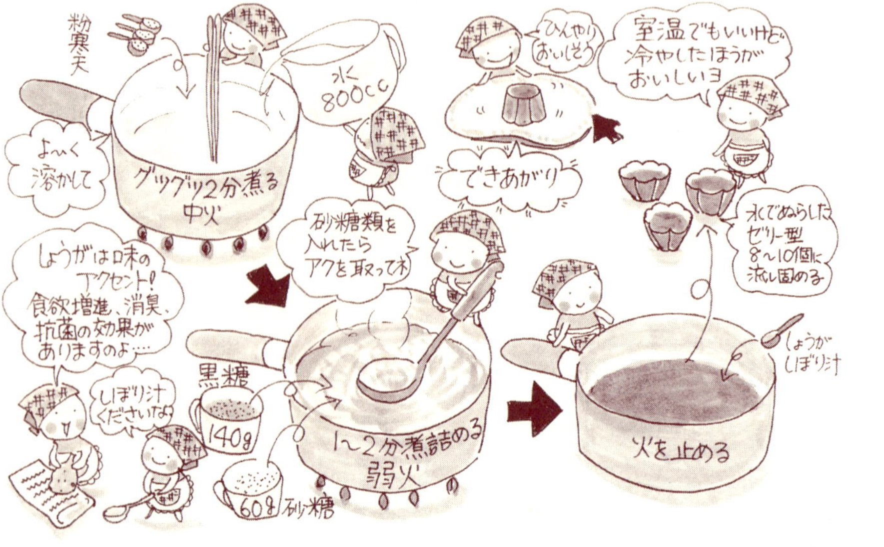

## 別名「つゆくさ」夏の涼しいデザート

# 水まんじゅう

【材料】プリン型など6〜7個分

水まんじゅうの素大さじ3.5／砂糖大さじ5／水カップ2／こしあん70g（6〜7個に丸めておく）

〈作り方〉

①水まんじゅうの素と砂糖をボウルに入れよく混ぜる。

②①に水を少しずつ加えながら混ぜる。

③②を鍋に移し、はじめは強火、だんだん弱火にしてゴムべらで混ぜる。トロリとして透明感が増してきたら2〜3分しっかり練り続ける。

④③を火からおろし、水でぬらした型の半分まで流し入れたら、丸めたあんを少し平たくして生地の上にのせ、再び生地を型いっぱいに入れる。

⑤そのまま冷ましてから冷蔵庫に入れ、冷たくしたら型から取り出し、器に盛りつけていただく。

**ちょっと一言**

- 水まんじゅうの素は、大手スーパーか製菓材料店で手に入ります。
- プリン型やゼリー型など、ご家庭にあるいろんな型でできます。
- 型から出さないでしっかりラップしておけば、1カ月ほど冷凍保存できます。解凍は室温でもどしてください。

プリプリした舌ざわりが人気

# わらび餅

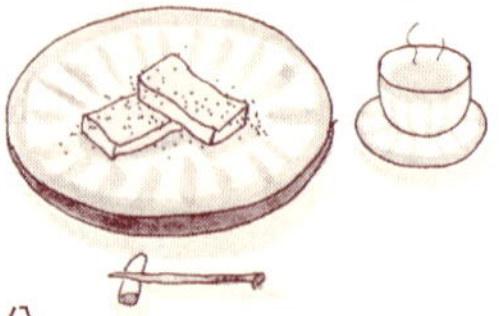

【材料】10 cm 角の流し缶 1 つ分

わらび粉（なるべく上質のもの）50 g／水 280 cc／キビ砂糖（またはあまり精製されていない砂糖）130〜150 g（カップ $1\frac{1}{5}$ 弱〜$1\frac{1}{3}$ 強）／＊黄な粉適量／片栗粉適量

〈作り方〉

①流し缶には片栗粉または黄な粉を、茶こしを通して一面に振っておく。あとで取り出しやすい。

②厚手の鍋にわらび粉を入れる。水も入れながらよく溶かす。

③砂糖も入れさらに混ぜる。

④③を中火にかけ混ぜる。強い粘りが出てくるので、弱火にして木べらで鍋底をこするように底のほうから練り上げていく。木べらが重くなってくるが、透明感がしっかり出るまで、さらに火を通しながら練る。

⑤透明感が出てきたら流し缶にあけ、上からも黄な粉を振りそのまま冷ます。

⑥冷めたら、黄な粉を振ったバットのようなものにへらを使って逆さにしてあけ、好みの大きさに切る。ひとつひとつていねいに黄な粉をまぶす。

**ちょっと一言**

- 切ったわらび餅にひとつずつていねいに黄な粉をつけると、餅同士がくっつかないので食べやすいです。
- 夏場は冷蔵庫で保存。3〜4 日もちます。
- 本物のわらび粉はわらび根のでんぷんですが、今はほとんどジャガイモのでんぷんで作られていたり、少しだけわらび粉が入っているものが一般的です。本わらび粉が入っているもので作ると、プリプリ感が強くておいしいです。

わらび粉の食感に小豆風味がプラス

# 小豆入りわらび餅

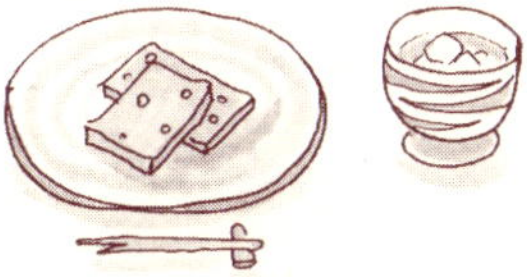

【材料】3〜4 人分

わらび粉（なるべく上質のもの）大さじ 4／水カップ 1／砂糖 100 g（カップ 1 弱）／小豆の粒あんまたは小豆の甘煮（P 16、18 参照）150 g／片栗粉少々

〈作り方〉

①わらび粉を鍋に入れ、水を少しずつ加えてよく溶かす。

②砂糖、粒あんも加えて混ぜたら、中火にかける。

③混ぜているうちに粘りが出てきたら弱火にし、木べらなどで底のほうからしっかり焦がさないように 2〜3 分練る。

④片栗粉を振ったバットに出し、上からも片栗粉を振ってそのまま冷ます。

⑤冷めたら片栗粉を軽く振ったまな板の上に出し、6 等分に切り、切り口にもしっかり片栗粉をつけたら、今度は余分な片栗粉をハケで十分に払う（こうしておくと餅同士がくっつかない）。

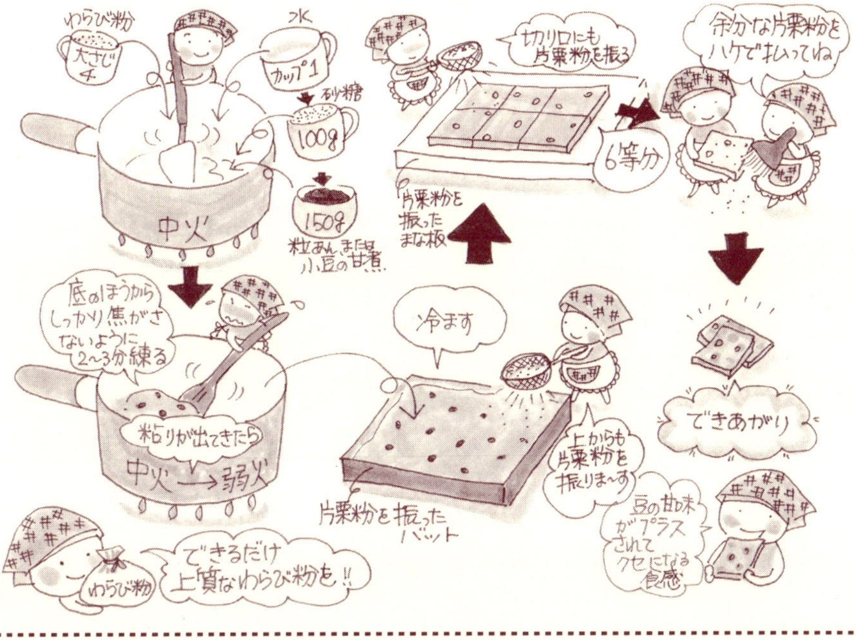

## 生クリームを使わないさっぱりアイス

# 和風アイスクリン各種

【材料】2〜3人分（以下各種ごと）

〈作り方〉

各種類ごとに、材料をよく混ぜてから袋（フリーザーパックなどがよい）に入れる。「冷凍庫で軽く固める→もんで混ぜる」という作業を2〜3回繰り返してできあがり。そのまま冷凍庫で保存する。

▲バニラアイスクリン

＊コンデンスミルクカップ1/2／＊牛乳カップ1/2／バニラエッセンス少々

▲小豆ミルクアイス

＊コンデンスミルクカップ1/4／＊牛乳カップ1／小豆粒あん100 g

▲黒ごまのアイスクリン

＊コンデンスミルク大さじ2／＊牛乳カップ1/2／黒ごまペースト大さじ1／砂糖大さじ1

▲抹茶のアイスクリン

＊コンデンスミルク大さじ2／＊牛乳カップ1/2／抹茶小さじ1と砂糖大さじ1をよく混ぜてから、湯大さじ1で溶いたもの

**ちょっと一言**

家庭で作るアイスは、容器に入れて固めてしまうととても固くなってしまって食べにくいものです。フリーザーパックを使うと、固い場合はもんで好みの柔らかさにできるし、場所もとらず便利です。

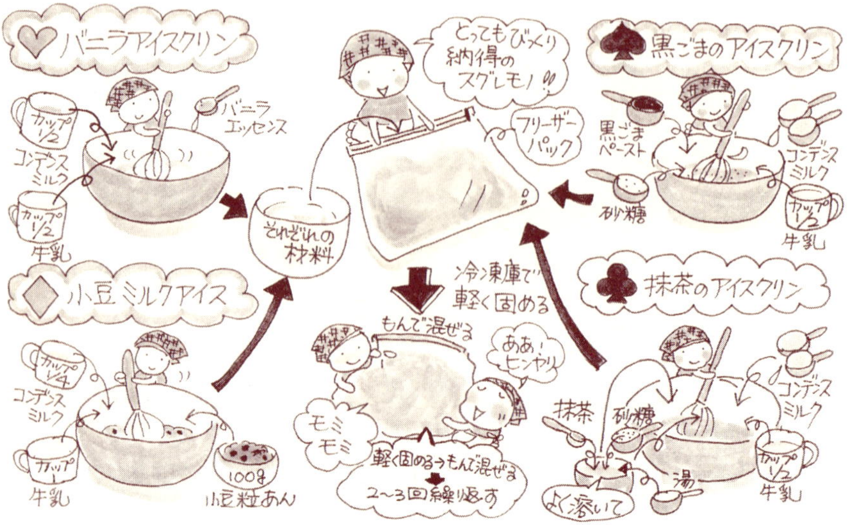

## のどごしさわやか、天草から作ろう

# ところてん

【材料】7～8 人分

天草 30 g（よく洗って汚れを落とし、ザルにあげる）／水カップ 8／酢大さじ 2／塩ひとつまみ

〈作り方〉

①大きめの鍋に洗った天草、水、酢を入れ、8 時間以上浸しておく。

②そのまま強火にかけ、沸騰してきたら全体がフツフツしているくらいの火加減にし、約 40 分煮る。アクが出たらこまめに取る。

③天草をつまんでみてよくぬめりが出ていたら塩を入れて混ぜ、目の粗いザルでこす。

④さらに、さらしのふきんを敷き込んだザルを用意し、③をこしてしぼると、透明になる。

⑤型に流して室温で固める。

**ちょっと一言**

♠ところてん突きで、手作りのところてんが楽しめます。コロコロに切って、黒蜜（P 21 参照）をかけてもおいしいです。

♠少々手間がかかりますが、製菓材料店や乾物屋などで天草が手に入るので、ぜひ本格的なところてん作りにトライしてみてください。おいしさは天下一品です。

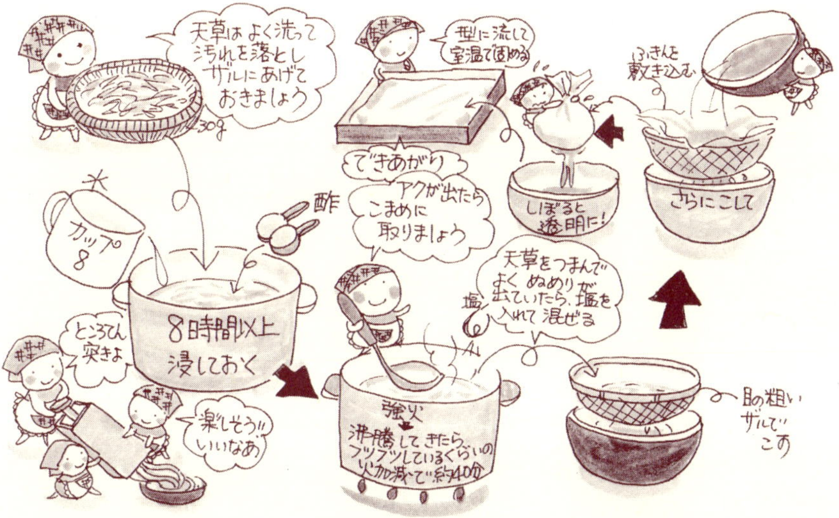

## ユズの香りが口いっぱいに広がる

# ユズシャーベット

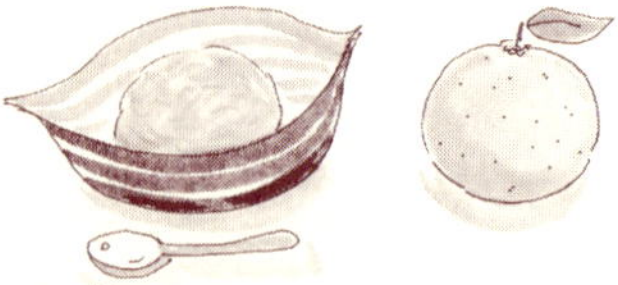

【材料】15 cm 角くらいの流し缶１つ分

ユズ２個／砂糖 60 g（大さじ６強）／水 100 cc（カップ 1/2）／白ワイン大さじ１（あればでよい）／＊卵白中１個

〈作り方〉

①ユズはよく洗い、2 個のうち 1 個だけを目の細かいおろし金で皮の黄色いところだけおろす（白い部分は苦味が出るのでおろさないこと）。

② 2 個分のユズの汁をしぼる。種がとても多いので中身を取り出したらガーゼなどで軽くしぼる。

③小鍋に砂糖と水を入れて火にかけ、沸騰したら弱火で 1 分ほど煮詰める。

④③を火からおろしてボウルにあけ、ユズのおろした皮、しぼり汁、あれば白ワインを加えて混ぜ冷ましておく。

⑤④をバットや流し缶などに流し入れ、冷凍庫で冷やし固めてはフォークなどでしっかりかき混ぜる。これを 2～3 回繰り返す。

⑥最後（3 回目）に、よく混ぜたところに、固く泡だてた卵白を混ぜ入れ、再び凍らせればできあがり。

**ちょっと一言**

少し強い甘味と卵白で、固くなるのを防いでいます。

## 体にやさしい葛粉のおやつ

# 葛ようかん

【材料】プリン型 7〜8 個分

本葛粉大さじ 5／水カップ 1.3／砂糖 150 g（カップ $1\frac{1}{3}$ 強）／こしあん（または粒あん）100 g

〈作り方〉

①鍋に葛粉を入れ、水を少しずつ加えながら葛のツブツブを完全に溶かす。

②砂糖、こしあんも加え、中火にかけてゴムべらで底をこするように混ぜ続け、鍋底から粘りが上がってきたら弱火にし、トロンとするまで混ぜ続ける。

③②をプリン型に均一に入れ、蒸し器に並べ入れ、ふたに乾いたふきんをかませて強火で 10〜15 分ほど蒸す。

④取り出して冷めたら、ラップをして冷蔵庫で冷やしてからいただく。

**ちょっと一言**

葛はマメ科の植物で、根の部分が葛粉になります。更年期障害や骨《こつ》粗《そ》鬆《しょう》症に効果のあるイソフラボン。このイソフラボンを誘導する成分が葛には含まれています。豆類、乳類などのタンパク質と合わせるのが最もよい組み合わせです。

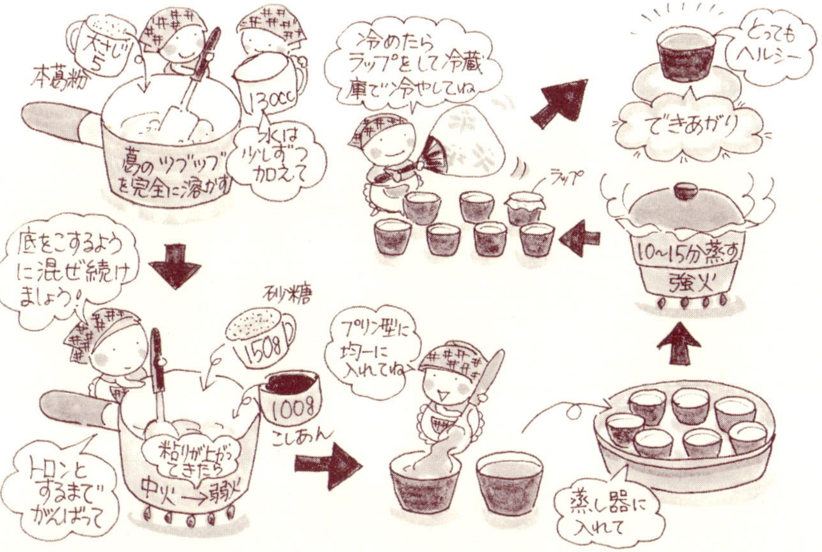

抹茶の香りとミルクが相性抜群！

# 抹茶ドリンク

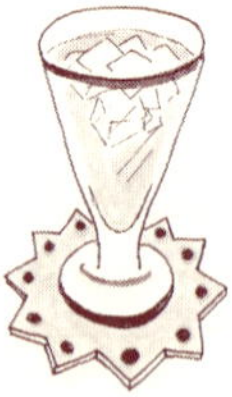

【材料】１人分

抹茶小さじ１／砂糖小さじ２／湯小さじ２／＊牛乳大さじ５〜６

〈作り方〉

①小さなボウルに抹茶と砂糖を入れ、よく混ぜる。さらに熱い湯を加え、ダマが残らないように溶かす。

②①に牛乳を加えて混ぜ、氷を入れたコップに注ぐ。

**ちょっと一言**

美しい緑色がなんとも和のテイストをかもし出す抹茶。色や香りだけでなく、抗菌・抗ガン作用として知られるカテキンも多く含みます。煎茶で飲んでも茶葉は摂りきれませんが、粉末の抹茶をミルクと混ぜてよく溶けば、茶の成分を100％摂ることができるのでおすすめです。

体を温める冬のドリンク

# しょうが湯

【材料】１人分

水カップ１／葛粉または片栗粉小さじ１を水小さじ１で溶かしたもの／砂糖小さじ１／しょうがのしぼり汁小さじ１

〈作り方〉

①小鍋に水を入れて火にかけ、沸いたら水溶き葛粉（または水溶き片栗粉）を入れ砂糖も加える。

②よく混ぜ合わせて温まったら火からおろし、しょうがのしぼり汁を加える。

**ちょっと一言**

しょうがは体を温める作用があるといわれています。寒いとき、しょうがのしぼり汁を紅茶に数滴落として飲むのもおすすめです。

## 香りを楽しむ季節のお茶

# ユズ茶

【材料】ジャム１ビンくらい

ユズ 3〜5 個（400 g）／砂糖約 250 g（カップ $2\frac{1}{4}$ 強）／松の実少々（なくてもよい）

〈作り方〉

①ユズは洗って横半分に切り、レモンしぼり器などで汁をしっかりとしぼる。種が多いので、目の粗いこしザルで汁をこす。皮は薄い千切りにする。

②鍋に切った皮と砂糖、しぼり汁を入れ、皮が透き通る感じになるまで弱火で煮て冷ます（これがユズ茶の素になる）。

③②をスプーン 1〜2 杯取り、カップに入れ、熱い湯を注いで溶かし、松の実を浮かべていただく。濃さは好みで、湯の量で調節する。

### ちょっと一言

残った分はビンなどに入れて冷蔵庫に保存しましょう。1 カ月ほどもちます。

ユズは傷みやすいので、たくさんある場合はユズ茶の素を作っておきましょう。ドリンクだけでなく、クラッカーやパンにつけてジャムとしても活用できます。

保存食としてのレシピですので、砂糖が多めになっています。少し減らしてもよいですが、あまり減らすともちが悪くなるので、その場合は早めに使いきりましょう。

COLUMN

# 旬の果物をもっと食べよう

## 先進国で最下位の果物摂取量

国連食糧農業機関（FAO）が2001年に発表した果物の消費量統計によると、日本はいわゆる先進国中で最下位、食糧事情がよくない北朝鮮よりも少ないという驚くような結果でした。一人一日146グラム。これは、1970年代中ごろのピーク時の7割にも満たない数字です。

そのころのおやつは、季節の果物が多かった気がします。春先のイチゴ、夏はスイカ、秋はナシやカキ、冬になればこたつでミカンやリンゴというように、それぞれの旬の味を楽しんでいました。

いまの子どもたちはどうでしょう。「驚くほど果物を食べなくなった」と語るのは、小さいお子さんをもつ知り合いのお母さんです。

「リンゴは固いからイヤと言って、食べない。ミカンは房の触感が苦手らしいの」

保育園に勤務するある保育士さんは、こう話しました。

「保育園のイベントでメロンを出したのですが、ほとんどの子どもがちょこっとかじっただけ。処分するのが本当に苦痛でした。昔はメロンといえば大喜びだったのに」

私たちのまわりには、安くて便利で食べやすい食品があふれています。サクサクと食べられるスナック菓子、甘いアイス、キャンディーやチョコレート……。自然の甘味をおやつとして楽しむ時代は過ぎ、人工の甘味や濃い味に慣れてしまったいまの子どもたちの食生活が見えてきます。

果物にはビタミンC、食物繊維、カルシウムなどさまざまな栄養素が含まれ、「野菜と果物の栄養価は同じ」という栄養学の先生もいます。国際ガン研究所は、「果物は食道、胃、肺ガンのリスクを下げる」と報告しています。最近の研究では、温州ミカンに多く含まれるベータ・クリプトキサンチンがガン細胞の増殖抑制や抗酸化（体の酸化・サビ化を抑える）作用をもつこともわかりました。

04年の総務省調査によると、日本人が年間で一番多く食べた果物はバナナでした。熱帯産のバナナは甘くて食べやすく、安い反面、ポストハーベスト問題があります。便利さと安さだけを追い求めるのではなく、地場で採れる旬の果物を見直してみませんか。

# 第2章

# なつかしい郷土のおやつ

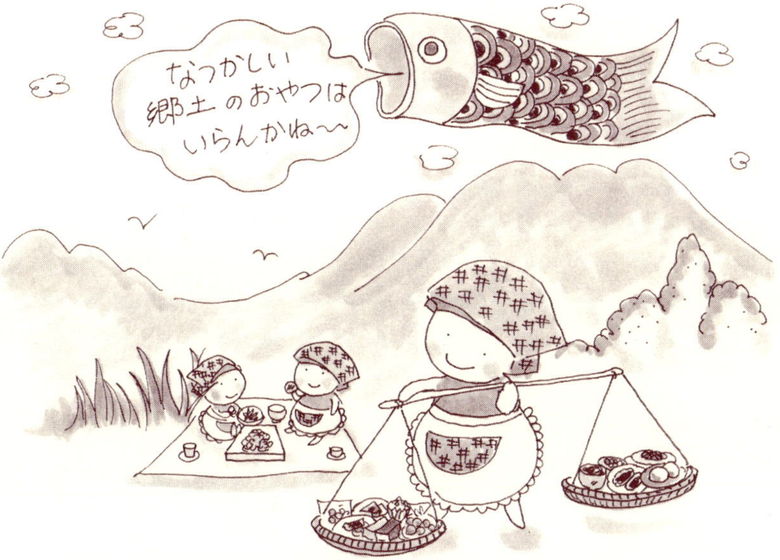
なつかしい
郷土のおやつは
いらんかね〜〜

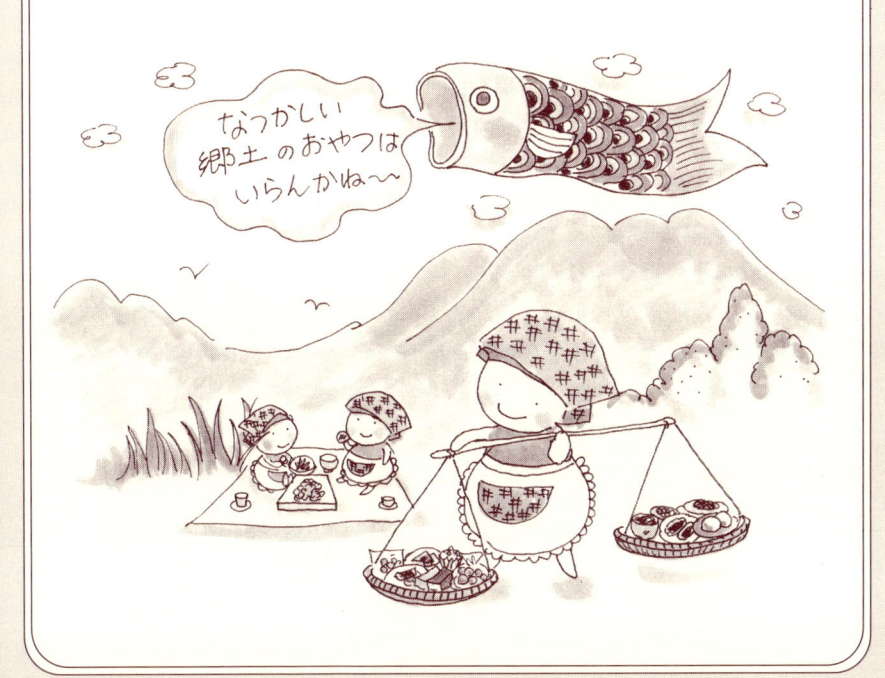

郷土のおやつ
北海道・東北

## ジャガイモのシンプルおやつ

# でんぷん団子

【材料】5〜6個分

ジャガイモ中2個／黒砂糖大さじ1.5／白砂糖大さじ1／塩ひとつまみ／片栗粉大さじ2／植物油少々

〈作り方〉

①ジャガイモは皮をむいて4つくらいに切り、鍋に入れイモがかぶるほどの水でゆでる。柔らかくなったらゆで汁を捨て、鍋をゆすりながら弱火にして水分を飛ばしよくつぶす。

②①が熱いうちに黒砂糖と白砂糖と塩を入れて混ぜる。

③②に片栗粉を加えてよく練り合わせ、ひとまとめにする。

④③を5〜6等分し、ハンバーグのように成形し、薄く油をひいたフライパンに並べごく弱火で両面焦げ目がつくまで焼く。

**ちょっと一言**

アツアツがおいしいので、冷めてしまったらレンジで温めてどうぞ。

北海道はジャガイモの産地として有名ですが、昔、米の収穫が少ないときは、餅のようなでんぷん団子をおやつにしていたそうです。質素で素朴な味も、いまの飽食の時代にはかえって新鮮に感じられます。

色鮮やかなつぶつぶ感がたまらない

# ずんだ餅

【材料】4〜5人分

＊冷凍枝豆（さやから出し、薄皮もむいたもの）100g／砂糖大さじ2／塩ひとつまみ／シロップ大さじ2（砂糖大さじ2を水大さじ2で煮溶かしたもの）／切り餅4〜5個

〈作り方〉

①薄皮を取った枝豆は鍋に入れ、ひたひたの水をはって約10分煮る。

②豆をザルに取り、すり鉢に入れすりつぶす。ざらざらしていてもかまわない。

③②に砂糖、塩、シロップを入れよく混ぜ、「ずんだ」のできあがり。

④切り餅はレンジにかけ柔らかくしたものを、さらにさっとゆでて柔らかくし、皿に盛りたっぷり③をのせる。

**ちょっと一言**

仙台といえば「ずんだ」というように、いまではすっかり有名になりました。本来は新鮮な枝豆で作り、豆の香りをつきたてのお餅といっしょに味わうもの。季節を問わず、冬場お餅が余ったときのために、冷凍枝豆で作れるレシピにしました。枝豆をすり鉢ですることと、できたてをすぐ！が、おいしくいただくコツです。

ずんだあんは、冷凍で1カ月保存可能です。

黒砂糖と餅の甘いハーモニー

# 餅の黒蜜煮

【材料】3〜4 人分

黒砂糖 100〜150 g（カップ 1/2 強〜1 弱）／水 100 cc（カップ 1/2）／切り餅 3〜4 個／＊黄な粉大さじ 4／砂糖大さじ 1

〈作り方〉

①細かく砕いた黒砂糖と水を小鍋に入れ、アクを取りながら煮たてる。

②餅はこんがり焼き、①に入れて柔らかくなるまで弱火で煮る。

③器に餅を盛りつける。砂糖を混ぜた黄な粉をかけ、熱いうちにいただく。

## ちょっと一言

山形県に伝わる素朴なおやつです。焼いた餅と黒糖の甘さがからみ合って、香ばしい味わいになります。黒糖も黄な粉も栄養があり、体にもやさしいので、餅があるときにぜひ試していただきたいおやつです。

郷土のおやつ
北海道・東北

なつかしい駄菓子を家庭で

# 黄な粉あめ

【材料】約 24 個分

水あめ 40 g（計るときはぬらした紙を器に敷き込み、その上にのせて計るとくっつきにくく計りやすい）／水大さじ 3／砂糖 100 g（カップ 1 弱、黒砂糖でもよい）／＊黄な粉 120 g（カップ $1\frac{1}{2}$ 強、1/5 くらいは別に取っておく）

〈作り方〉

①厚手の鍋に水あめ、水、砂糖を煮たて、弱火にしてときどきゆすりながら、泡がシュワシュワと細かくなってくるまでしばらく煮る。

②泡が細かくなってきたら黄な粉を一度に加え、木べらで味噌状になるようよく混ぜ、ひとまとめにする。

③別に取っておいた黄な粉は乾いたまな板やバットなどに敷き、その上に②を置き、黄な粉をまぶしながら 2 本の棒状にする。

④それぞれ約 12 等分に切り、さらに丸く形を整えてできあがり。

**ちょっと一言**

駄菓子が豊富な東北地方のなつかしいあめです。素朴な甘さがクセになります。

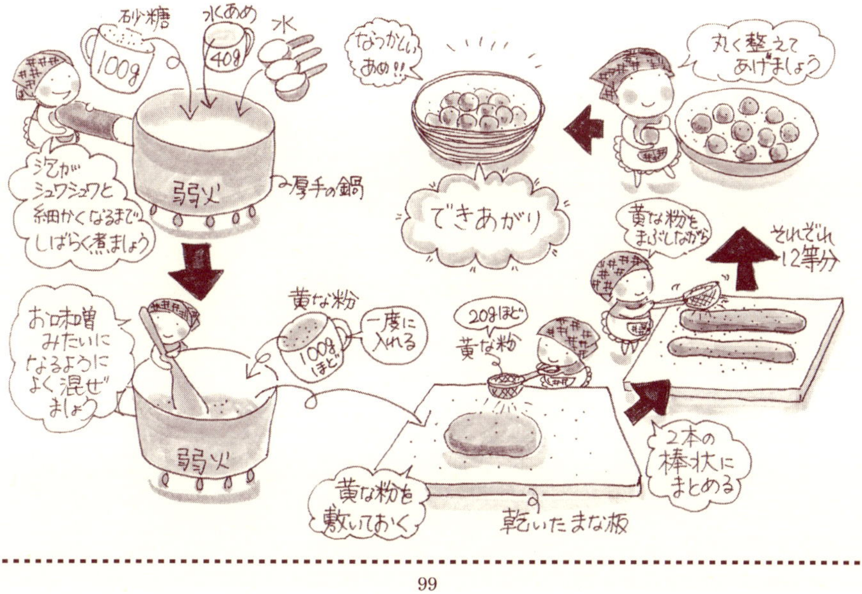

## クルミとごまのやさしい香ばしさ

# 五平餅

【材料】2〜3 人分

残りごはん茶碗 3 杯程度／クルミ 12〜13 個／白いりごま大さじ 1／キビ砂糖 100 g（カップ 1 弱）／＊醤油大さじ 4

〈作り方〉

①餅…残りごはんはレンジで温め、粒が少し残るくらいにつぶす。小さなハンバーグほどの大きさに丸め、少し平らにする。両面を焦がさないように網などで焼く。フッ素樹脂加工のフライパンで焼いてもよい。

②タレ…クルミは、焦がさないように弱火で 5 分くらい空いりする。いったクルミとごまはいっしょにすり鉢でよくすり、砂糖、醤油を加えて混ぜ、タレを作る。

③焼きあがった餅にタレをかけてできあがり。

**ちょっと一言**

タレは冷蔵庫でも 1 カ月くらいもちますが、長く保存するなら冷凍して。和え物など料理にも使えます。

砂糖醤油（1 : 1 が基本、あとはお好みの配合で）、すりごま砂糖（1 : 1 が基本、あとはお好みの配合で）をつけて食べてもおいしい！

リンゴの香りと歯ごたえを堪能

# リンゴ寒天

【材料】10 cm 角の流し缶 1 つ分

リンゴ中 1 個（8 つ割りにして薄く切り、薄い塩水につけておく）／レモン汁半個分／砂糖大さじ 5〜6／水 300 cc（カップ $1\frac{1}{2}$）／粉寒天小さじ 1

〈作り方〉

①塩水につけたリンゴをザルにあげる。リンゴ、レモン汁、砂糖を鍋に入れ、中火にかけ煮たってきたら弱火にする。透き通って柔らかくなるまで煮たら、そのまま冷ましておく。

②別の鍋に水 300 cc と粉寒天を入れ、中火にかけゆっくり混ぜながらしっかり沸騰させ、1〜2 分グツグツ煮る。

③②に冷めたリンゴを入れてなじませたら、水でぬらした型に流す。冷めたら型から出し、食べやすい大きさに切る。

**ちょっと一言**

いつでも家庭にある卵で応用できます。

卵の寒天寄せ…10 cm 角の流し缶 1 つ分

①鍋に水 300 cc と粉寒天小さじ 2 弱を入れ、中火にかけゆっくり混ぜながら沸騰させグツグツ煮る。砂糖 50 g も加えて煮る。

②型に流したら溶いておいた卵 1/2 を全体に散らし、さらに箸で混ぜ散らす。すりおろしたユズも散らして固める。

長野県は寒さが厳しいので、寒天作りが盛んです。いろいろな料理に寒天が使われているようです。繊維分が多く満腹感があるので、ダイエット食品としても注目されています。

下町の味を家庭のホットプレートで

# もんじゃ焼き

【材料】2人分

生地（素もんじゃ）…＊薄力粉40g（大さじ5）／和風だし汁またはチキンスープの素（なるべく無添加のもの）450cc（カップ$2\frac{1}{4}$）／ウスターソース大さじ2（以上の材料全部をボウルに入れ泡だて器でよく混ぜておく）

具…キャベツの千切り（太め）200g／切りイカ15g（ひとにぎり）／揚げ玉50g（カップ1/2ほど）／干し桜エビ20g（カップ1/3ほど）／植物油少々／青のり・ソース・コショウ・＊醤油各適宜

〈作り方〉

①ホットプレートを高温に熱して油をひき、具をのせ軽く炒める。

②具を広げ、そこに生地を混ぜながら注ぐ。

③ソース、コショウを軽く振り、生地がグツグツ煮たってきたら、全体を混ぜ平らに広げる。

④青のり、ソース、醤油などで好みの味つけをし、生地の底がこんがり焼けたら少しずつはがしていただく。

### ちょっと一言

東京の下町では、いまでも「もんじゃ屋」さんが健在です。子どもたちがお小遣いをにぎりしめてお店に走る姿が見られます。具がすべてそろっていなくても、みんなで作って食べるもんじゃはとてもおいしいものです。

## ほんのり甘いモチモチういろう

# ういろう3種

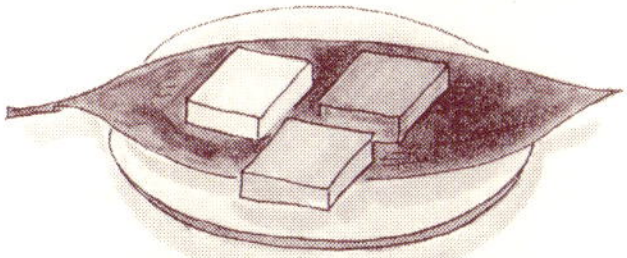

【材料】12×14 cm の流し缶か耐熱容器 1 つ分（オーブンペーパーを敷き込んでおく）

▲白いういろう

【材料】

A…砂糖大さじ 5／塩ひとつまみ／水大さじ 4

B…葛粉大さじ 2／水カップ 1 弱

C…もち粉大さじ 2／上新粉カップ 1/2／＊薄力粉大さじ 8.5／砂糖大さじ 6

〈作り方〉

① A を鍋に入れて中火にかけ、砂糖を煮溶かす。溶けたら火からおろす。

② B を小さいボウルで溶かす。

③①と②を合わせる。

④ C はいっしょにふるう。ふるったら③に加え泡だて器でダマができないようによく混ぜて生地を作る。

⑤目の粗いこし器でこし、型に流す。

⑥蒸し器に入れてふたにふきんをかませ強火で約 25 分蒸す。

⑦しっかり冷めてから切り分ける。

▲黒砂糖のういろう

A の砂糖を黒砂糖に替える。

▲ピンクのういろう

B の水に少し赤ジソの汁を加え、薄いピンク色の水を使う。

**ちょっと一言**

名古屋名物のういろうも、わりと簡単においしくできます。小さなアルミカップなどに作ってもいいです。その場合、蒸す時間を少し減らしてください。

好きな具たっぷりでお腹も満足

# お好み焼き

【材料】4 人分

＊薄力粉 200 g（カップ 2）／ベーキングパウダー小さじ 1／だし汁（なるべく無添加の昆布だしまたは和風だしの素小さじ 1 と水を混ぜたもの）280 cc（カップ $1\frac{2}{5}$）／すりおろしたヤマイモ大さじ 2（またはヤマイモパウダー大さじ 1 を同量の水で混ぜておいたもの）／キャベツ小 1/4 個／紅しょうが少々／モヤシ 1 袋／干し桜エビ大さじ 4／イカ・切りイカ・揚げ玉など好きな具各適宜／＊卵中 4 個／植物油少々／豚肉薄切り 8 枚／トッピングはお好みのソース・かつおぶし・青のりなど

〈作り方〉

①薄力粉とベーキングパウダーはいっしょにボウルにふるい入れる。

②だし汁の半量を加えて軽く混ぜたところに、すりおろしたヤマイモと残りのだし汁を加えてなめらかに混ぜたら 10 分くらいねかす。

③キャベツ、紅しょうがは千切りにし、モヤシ、干し桜エビなど豚肉以外の具を 1/4 ずつに分け 4 個の小ボウルかどんぶりにそれぞれ入れる。

④各々の小ボウルに卵をひとつずつ割り入れ、②の生地を 1/4 ずつ加え軽く混ぜる。

⑤ジュッというくらいの熱さにフライパンを熱しておき、油をひいたら生地を流し入れ、形を整え上に豚肉を 2 枚広げてのせ、ふたをして弱火で約 2 分焼く。ひっくり返して約 4 分焼く。

⑥もう一度ひっくり返して少し焼いたら、皿に取りソースをタップリとぬってかつおぶしや青のりを振る。残りも同じように焼く。

**ちょっと一言**

◆お好み焼きといっても地方によって作り方もまちまちで、焼きそばを入れれば広島風に。これこそ「お好み焼き」で、具も混ぜ方もお好きにどうぞ。

◆イカの足が余ったら市販の粉でイカ焼きも作れます。

【材料】2 人分　イカの足 1 杯分／ネギ 1/2 本／お好み焼きの素カップ 7/10／水カップ 1/2／植物油・ソース・青のり各適宜

〈作り方〉

イカの足は 2～3 cm に、ネギは 1 cm の小口切りにする。ボウルに粉と水を入れて溶いたところに、イカとネギを加える。フライパンに薄く油をひき、半量を流して押しつけながら薄くして両面を焼き、ソースと青のりをかけて皿に盛る。

## 京都の和風ホットケーキ

# しきしき

【材料】3〜4 枚分

＊薄力粉 200 g（カップ 2）／重曹小さじ 2／塩ひとつまみ／ハチミツ 100 cc（大さじ 5 弱）／水カップ 1／植物油少々

〈作り方〉

①ボウルに薄力粉、重曹、塩をいっしょにふるい入れ、そこにハチミツを少しずつたらしながら加えて、ゴムべらで混ぜる。

②水を加えてよく混ぜる。

③フライパンに薄く油をひいて熱しておいたところに生地を流す。ごく弱火にして穴がプツプツあいて表面が乾いた感じになったら、裏返して少し焼く。

④両面焼けたらまな板の上に出し、短冊に切って熱いうちにいただく。

**ちょっと一言**

薄く焼いて、粒あんやこしあんを真ん中に入れて、クレープのようにくるくる巻いてもおいしいです。

郷土のおやつ
近畿・中国・四国

お彼岸には欠かせない和菓子

# ぼた餅

【材料】大きめのもの 5 個分

餅…もち米カップ 1／うるち米カップ 1/5／水 220 cc／塩ひとつまみ

あん…小豆カップ 1／砂糖 150 g（カップ $1\frac{1}{2}$ 弱）／塩ひとつまみ

〈作り方〉

①もち米はうるち米といっしょに洗い、ザルにあげて半日ほど置く。

②①に水と塩を加え、ふつうに炊く。

③あんを作る。小豆をたっぷりの水に入れ、中火でゆでる。水が赤くなってアクが出たら、いったんザルに取って水を捨て、新たにたっぷりの水をはり沸騰したら弱火にして柔らかくなるまで煮る。

④豆が指でつぶれるくらいになったら、ふきんを敷き込んだザルにあけ水を切る。

⑤豆を鍋にもどし、砂糖、塩を入れて弱火でポッテリするまで木べらでかき混ぜ、さらに中火で静かに練る。

⑥②をむらしたあと、水でぬらしたすりこぎで米粒が完全につぶれるくらいまでつぶす。

⑦⑥を 5 等分し手で丸める。丸めたらすぐに、あんをからめる。

**ちょっと一言**

島根県では、お彼岸にはお坊さんや親類が集まるので、中日には大きなぼた餅をたくさん作るのだそうです。

## コロコロに切ったサツマイモが石垣のよう

# 石垣イモ

【材料】12 個分

サツマイモ 200～250 g(中 1 本強)／＊卵中 1 個／塩ひとつまみ／砂糖大さじ 6／植物油大さじ 2／＊牛乳大さじ 2／＊薄力粉 150 g（カップ $1\frac{1}{2}$）／ベーキングパウダー小さじ 1.5

〈作り方〉

①サツマイモはよく洗って皮つきのまま 1 cm 角に切り、5 分くらい水につけてアクを抜いたらザルにあげて水気を切る。

②ボウルに卵を溶きほぐし、塩、砂糖を加えて混ぜ、さらに植物油、牛乳も加えて混ぜる。

③薄力粉とベーキングパウダーを②にふるい入れ、イモも加えてゴムべらでサックリ混ぜる。プリン型などにアルミホイルなどを敷き込み、生地を均一に入れ、蒸し器のふたにふきんをかませて強火で 20 分蒸す。

**ちょっと一言**

サツマイモが突き出ている姿が石垣に似ているので、石垣イモと呼ぶそうです。

香川県に伝わるおやつですが、九州や愛知県などでも似たようなおやつがあるようです。

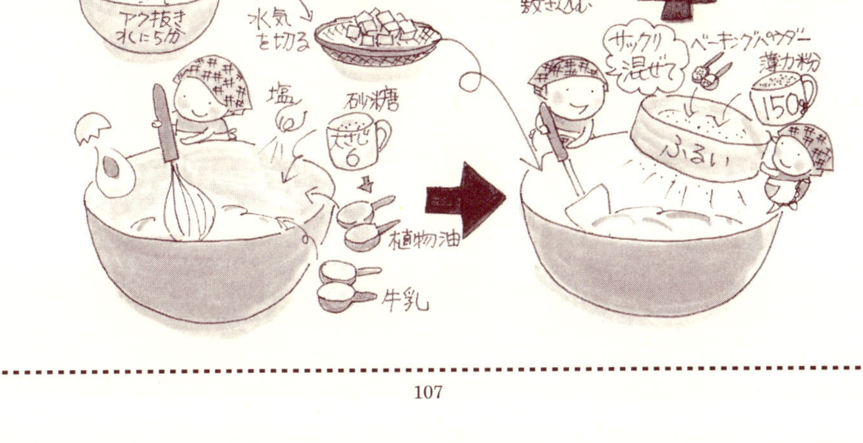

## 黒糖が黄身に変身？びっくりおやつ

# 鶏　卵

【材料】20 個分

白玉粉 100 g（カップ 1 弱）／水 70 cc／砕いた黒砂糖 30 g（大さじ 2.5）／塩少々

〈作り方〉

①ボウルに白玉粉を入れ、分量の水を少しずつ入れて練り、まとめて 2 つに分け、さらにそれぞれ 10 等分する。

②①に砕いた黒砂糖を包んで丸める。皮が破れないよう注意する。

③たっぷりの湯に塩少々を入れ、沸騰したところに②を入れてゆでる。浮き上がってきてからさらに 2 分くらいゆで、中までしっかり火を通す。

④③を氷水に取りしっかり冷やしてできあがり。

### ちょっと一言

冷たい蜜に浮かべて食べるとさらにおいしいです。

蜜…水カップ 1 と黒砂糖 30 g を火にかけ、砂糖が溶けてひと煮たちしたらそのまま冷ましておく。

鶏卵は長崎の上五島《かみごとう》でお盆の 2 日目に作られる伝統的なおやつ。くるんだ団子の中から出てくる黒砂糖を卵の黄身に見たてているのだそうです。

ヤマイモパウダーで手軽にできる

# かるかん

【材料】厚めのアルミカップ小８個分

ヤマイモパウダー大さじ2／水大さじ2／砂糖大さじ6／水大さじ4／上新粉（またはかるかん粉）50 g（カップ1/2弱）／甘納豆少々

〈作り方〉

①ボウルにヤマイモパウダーと水大さじ2を入れ、泡だて器でよく混ぜる。

②①に砂糖と水大さじ4を交互に混ぜながら加えていく。空気を含ませるように混ぜる。

③上新粉も加えよく混ぜたら、アルミカップに入れ上から甘納豆を散らす。

④③を蒸し器に並べ、ふたにふきんをかませて強火で約15分蒸す。薄く油をぬった流し缶に入れて蒸してもよい。

**ちょっと一言**

九州名物のかるかんもヤマイモパウダーがあればとってもお手軽。最近はスーパーでも手に入ります。

小さく作ると蒸す時間も短く、切り分ける手間もないのでおすすめです。

大きめに作った場合は蒸す時間を少し長くして。真ん中を軽く押して弾力があれば蒸し上がっています。

### サクサクと口に広がる黒糖の香り

# ちんすこう

【材料】袋菓子１袋分くらい

上白糖大さじ 8／黒砂糖大さじ 1／ラード 50 g（小鍋に計って煮溶かし、あら熱を取っておく）／＊薄力粉 100 g（カップ 1、ふるっておく）

〈作り方〉

①ボウルに砂糖類とラードを入れ、ゴムべらでよく混ぜる。なじんだら薄力粉もふるい入れよく混ぜる。

②モロモロしてまとめにくいがひとまとめにし、台の上で 1 cm ほどの厚さに伸ばす。

③生地をクッキー型で抜くか、1×3 cm くらいの棒状にカットし、オーブンペーパーを敷いた天板に並べる。

④ 150 度のオーブンで約 30 分ほど焼く。

**ちょっと一言**

豚肉をよく食べる沖縄ならではの、ラードを使ったおやつです。ラードを入れることによってサクサク感が出ます。沖縄のお土産の定番ですが、自宅で簡単に作れるので、ぜひ試してみてください。素朴な甘味が広がります。

ラードは大きなスーパーの油売り場や製菓コーナーで手に入ります。チューブタイプが便利です。

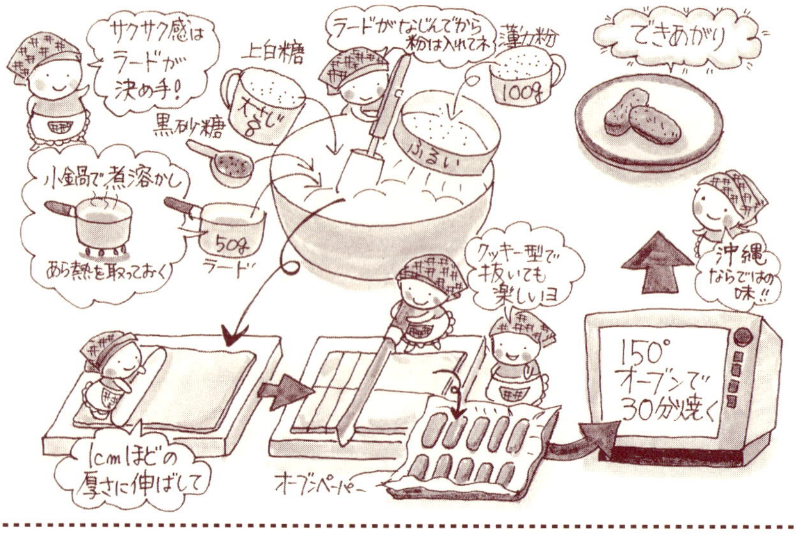

## 小さめにするのがうまく作るコツ

# サーターアンダギー

【材料】約10個分

＊卵中3個／砂糖カップ1強／植物油大さじ1／塩ひとつまみ／バニラエッセンス少々／＊薄力粉325g（カップ$3\frac{1}{4}$）／ベーキングパウダー小さじ$1\frac{1}{4}$／揚げ油（植物油）適量

〈作り方〉

①ボウルに卵を割り入れ、泡だて器でよくほぐす。

②①に砂糖、植物油、塩、バニラエッセンスも入れて混ぜる。

③②に薄力粉、ベーキングパウダーをふるい入れ、はじめは泡だて器で混ぜ、途中からゴムべらでサックリ混ぜていく。ネットリと重い感じになったら生地のできあがり（30分くらい休ませるとよい）。

④揚げ油を深めの鍋に入れ、140度（菜箸の先を入れて少しすると泡が出てくるくらい）に熱する。③はスプーンですくって落とすか、手に油をつけて直径3cmくらいのボール状にして入れてもよい。

⑤油の温度が150度を越えないように気をつけながら、12～13分くらい上下返しながらじっくり火を通す。

⑥紙の上にあげ、油をしっかり切る。

### ちょっと一言

ボール状にするので、揚げ油がたくさん必要なことと、時間がかかるのがネック。生地を少し小さく丸めたり、カリントウのように細くすると、時間も短縮できて揚げやすくなります。

COLUMN

# 身土不二を大切に

## 素材や味の多様性を生かすスローフード

「身土不二」という言葉を聞いたことがありますか？　これは、体と食べ物は二つにならない、つまり体と土地は一体であるという意味。北海道に生まれ育った人は、沖縄産を食べるより北海道産の食べ物を食べたほうが体にとって自然だということです。ところが、私たちのまわりをみると、世界中から輸入した食べ物であふれ返っています。

たとえば、おなじみのファストフードであるハンバーガーやフライドポテト。原料の安い牛肉やジャガイモを世界中から集めています。大量に安い値段で仕入れるには、農薬を使わずにていねいに育てたものではなく、農薬・化学肥料を使って手間を省いて育てたものでなければ、採算が合いません。価格に見合った食材が使われているのです。実際、バーガーペーストは、食肉にする段階でくずになる肉を集めて接着して固め、スライスして使っています。ジャガイモはマッシュされて冷凍された状態で輸入されますから、遺伝子組み換え作物かどうかの表示も必要なく、素材が明らかになっていません。

最近よく聞かれるようになった「スローフード」という言葉があります。ファストフードの特徴は、一定の食材を使った世界中どこに行っても共通な味ですが、スローフードの特徴は地域で採れた食材を使った独自の味です。かたや画一性を大事にし、かたや多様性を大事にするということですね。

天笠さんは、「多様性は食の大事なキーポイント」と語ります。その土地土地によって、同じ野菜でも出来が違うし、さらに家庭の調理によって味が違ってきます。こうした違いを大切にするべきではないでしょうか。

安ければそれでよい、平気で食べ物を残すという悲しい現状が、あまりにも多く見られます。遠くで採れたものをエネルギーをたくさん使って運んで食べるのではなく、地場で育ったものを必要な分だけいただくように心がけたい。そうすれば、安全でおいしい食べ物が、いまとあまり変わらない価格で手に入るはずです。

# 第3章

# 作ってみようアジアのおやつ

モチモチした食感が特徴の蒸し菓子

# 韓国風蒸し菓子

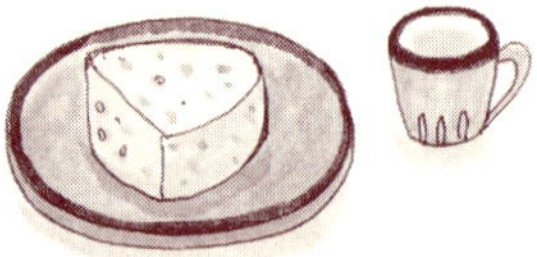

【材料】15 cm 角の流し缶またはケーキ型 1 つ分（オーブンペーパーを敷き込んでおく）
上新粉 200 g（カップ 2 弱）／もち粉 70 g／水 140 cc と塩ひとつまみは溶かしておく／砂糖大さじ 5／抹茶大さじ 1.5／小豆の甘納豆 100 g／松の実少々

〈作り方〉

①上新粉、もち粉はボウルに入れ、塩を溶かした水を少しずつ入れながら手ですり混ぜる。

②目の粗いふるいに①をかけ、そこに砂糖、抹茶をふんわりと混ぜ、甘納豆、松の実も加え混ぜる。

③型にふんわりと押しつけないように②を入れ、乾いたふきんをかぶせ、強火で 20〜25 分蒸す。あら熱が取れたら皿に出す。

**ちょっと一言**

韓国は餅菓子がとても豊富。市場の食堂や露店などで色とりどりの餅菓子がたくさん売られています。コチュジャンを混ぜ合わせた辛い餅のおやつ、トッポッキも大人気。放課後、学生たちがトッポッキをつまむ姿がよく見られます。

抹茶を入れないと白い生地に仕上がります。色をつけたい場合は、赤なら赤ジゾや小豆の煮汁、黄色ならクチナシの実など、工夫してみましょう。

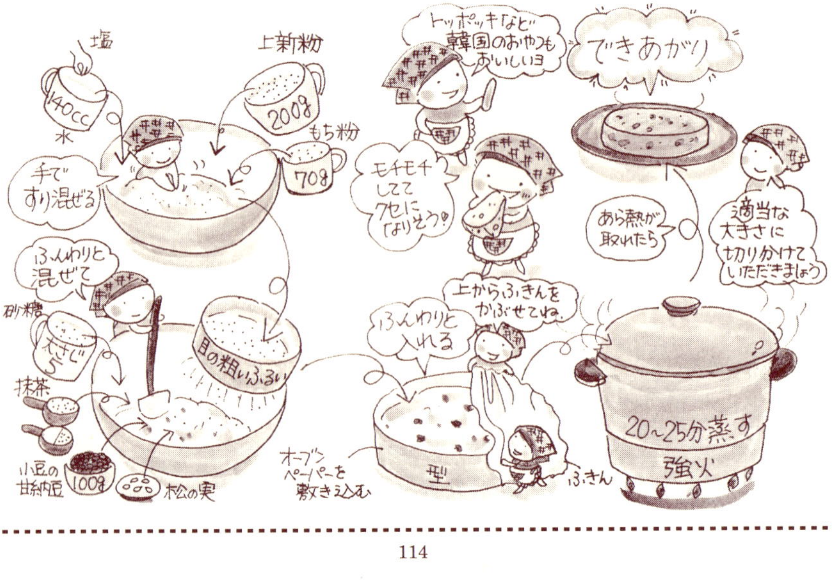

白玉団子の中にレーズンや松の実を入れて

# 韓国風フルーツポンチ

【材料】4〜5人分

白玉団子…白玉粉カップ 1/2／水カップ 1/2 弱／レーズン・松の実各少々

シロップ…水カップ $2\frac{1}{2}$／砂糖カップ 1/2／しょうがの薄切り 5〜6片（小鍋に全部を入れて煮たて、冷めたらしょうがを取り出しておく）

キウイ、リンゴ、バナナ、桃、メロンなど季節の果物各適宜

〈作り方〉

①ボウルに白玉粉を入れ、水を加えながらこねていく。水は全部入れずにやっと練れてまとまるくらいにし、余分な水を入れないようにしながら耳たぶより少し固めの生地を作る。

②できあがりがギンナンの粒くらいの大きさを目安に、中にレーズンか松の実を1つ入れては丸め、少し平たくしてキッチンペーパーの上に並べておく。

③たっぷりの湯でゆで、しっかり浮いてくるまで火を通したら、冷水に取りよく冷えたらザルにあげる。

④フルーツは食べやすい大きさに切る。フルーツの上に③をのせてシロップを注ぎ、松の実があれば少し散らす。

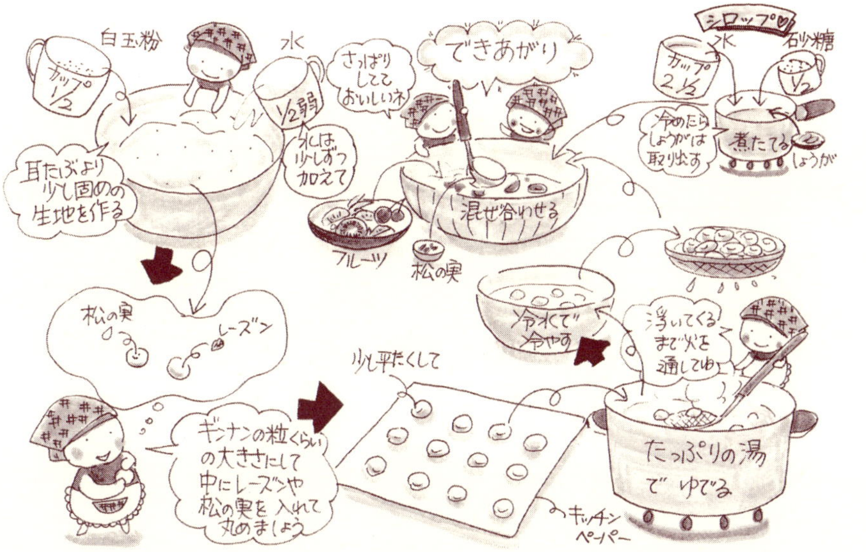

## ありあわせの材料でできる

# チ　ヂ　ミ

【材料】直径 20 cm くらいのもの約 3 枚分

生地…＊薄力粉 150 g（カップ $1\frac{1}{2}$）／水カップ 3/4／＊卵中 1 個／＊醤油大さじ 1／塩ひとつまみ

ニラ 1/2 把／干し桜エビ大さじ 3／ピーマン 1 個（細く切っておく）／ごま油適量

タレ…＊醤油大さじ 2／酢小さじ 2／すりごま小さじ 1／ラー油少々（材料をすべて合わせておく）

〈作り方〉

①ボウルに薄力粉をふるい入れ、水、卵、醤油、塩を加えひと混ぜする。

②①に 3~4 cm に切ったニラ、干し桜エビ、ピーマンを加えてサックリ混ぜる（好みで別の具を加えてもよい）。

③フッ素樹脂加工のフライパンを中火にかけ、ごま油を少し多めにひく。

④火を弱めにして②の生地を 1/3 ほど入れ、直径 20 cm くらいの円形に広げて平らにし、ふたをして 3~4 分焼き、ひっくり返してニラがしんなりするまで焼く。残りも同様に焼く。

⑤まな板に取り、6 等分に切って皿へ。アツアツのうちにタレをつけながらいただく。

**ちょっと一言**

韓国では、各家庭によってタレの味が若干違います。この分量をもとに、それぞれおいしいと思われるタレ作りに挑戦してみてください。

アジアのおやつ
中　国

肉汁タップリの満腹おやつ

# 中華まん

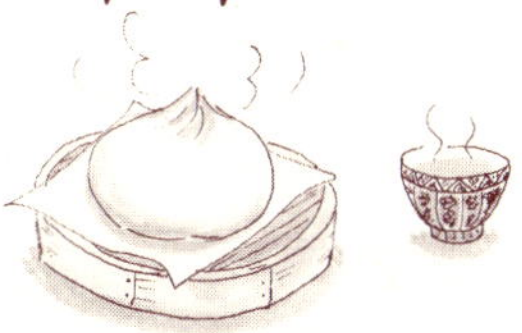

【材料】12～14 個分

生地…A（＊薄力粉 400 g／ベーキングパウダー大さじ 1）／B（ぬるま湯 240～250 cc／ドライイースト大さじ 1／砂糖大さじ 3／塩ひとつまみ）／植物油大さじ 2／＊手粉（薄力粉）少々

具（全部を合わせよく練って 12～14 等分しておく）…豚ひき肉 400 g／ネギ 2 本（小口切り）／塩・砂糖各小さじ 1／酒大さじ 3／＊醤油大さじ 2／コショウ少々／ごま油大さじ 2／オイスターソース大さじ 1／しょうがのしぼり汁小さじ 2

〈作り方〉

①ボウルに A をふるい入れ、よく混ぜた B を少しずつ加えて練り混ぜ、ひとまとめにする。

②油も加えてなじませたら、まな板などに生地を出し、表面がツルッときれいになるまで手でこねる。

③ボウルにもどしてラップをかけ、26～30 度くらいの温かい所に置いて、一回り大きくなるまでねかせる。約 30 分が目安。

④手粉を振ったまな板の上で③を棒状にしてから 12～14 等分に切り分け、それぞれ直径 12 cm くらいの円に広げて具を包む。ひとつひとつの下に 7～8 cm 角に切っておいたオーブンペーパーを敷いておくと扱いやすい。

⑤乾燥しないようにして約 20 分、温かい所に置き、さらに一回り大きくなるまでねかせる。

⑥⑤をそっと蒸し器に入れ、ふたにふきんをかませ、約 15 分強火で蒸す。

**ちょっと一言**

具はお好みのもので OK。粒あんなど甘いものでもおいしいです。

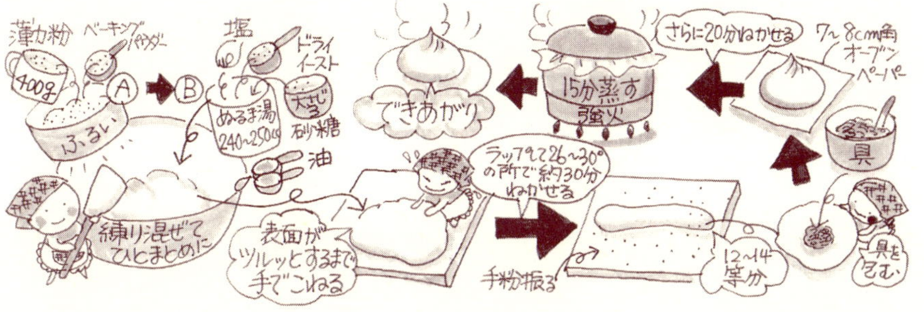

アーモンドエッセンスを使って簡単に

# 杏仁豆腐

【材料】5～6 人分

牛乳寒天…水カップ 3／粉寒天大さじ 2／＊牛乳カップ 3

シロップ…水カップ 3／砂糖 100 g（カップ 1 弱）／レモン汁大さじ 1／アーモンドエッセンス 4～5 滴（好みで調節）

〈作り方〉

①水と粉寒天を鍋に入れ、中火でゆっくり混ぜながらしっかり沸騰させる。

②1 分ほどクツクツ煮たら牛乳も加え、ひと煮たちさせたら、水でぬらしたバットや弁当箱のような型に流し固める。

③固まったら菱形になるように切る。

④シロップを作る。水と砂糖を鍋で煮溶かしたら火を止め、レモン汁を入れて冷ます。

⑤食べる前にシロップにアーモンドエッセンスを 4～5 滴加える。香りがきつくなりすぎないよう、様子を見つつ加える。

⑥③を器に盛り、シロップをかけていただく。

**ちょっと一言**

大きな器に全部を盛ると豪華な感じになります。まず、寒天を入れ、その上に好みのフルーツを食べやすく切ってのせ、シロップをたっぷり回しかけましょう。

### 大きくてボリュームもたっぷり

# アーモンドクッキー

【材料】20 枚分

＊バター 120 g（大さじ 9）／砂糖 120 g（カップ 1 強）／＊卵中 1 個（よくほぐしておく。1/4 ほど小さな器に取っておく）／スライスアーモンド 30 g／＊薄力粉 250 g（カップ $2\frac{1}{2}$）／ベーキングパウダー小さじ 1 と重曹小さじ 1/2 はいっしょにふるっておく／アーモンド 20 粒

〈作り方〉

①バターをボウルに入れて柔らかくし、泡だて器でよく混ぜる。

②砂糖を 3 回に分けて入れ、よく混ぜる。さらに、卵 3/4 を 2 回に分けて入れる。

③スライスアーモンドを砕いて加え、粉類もふるい入れ、ゴムべらでしっとりするまで混ぜていく。

④③がひとまとまりになったら半分に分け、さらに片方ずつ 10 等分にして丸める。

⑤用意してある天板に間隔をおいて並べ、手のひらで押して厚さ 3～4 mm、直径 7～8 cm くらいの円形に広げる。真ん中にアーモンドを 1 粒押し込んで、ツヤ出し用に溶いた卵（残りの 1/4）をハケでぬる。

⑥ 170 度のオーブンで約 20 分、キツネ色になるまで焼いたら、温度を 100 度に下げて 5 分ほど焼き、カリッとさせる。

⑧網に取って冷ましたらできあがり。保存するときは、湿気ないよう缶に入れましょう。

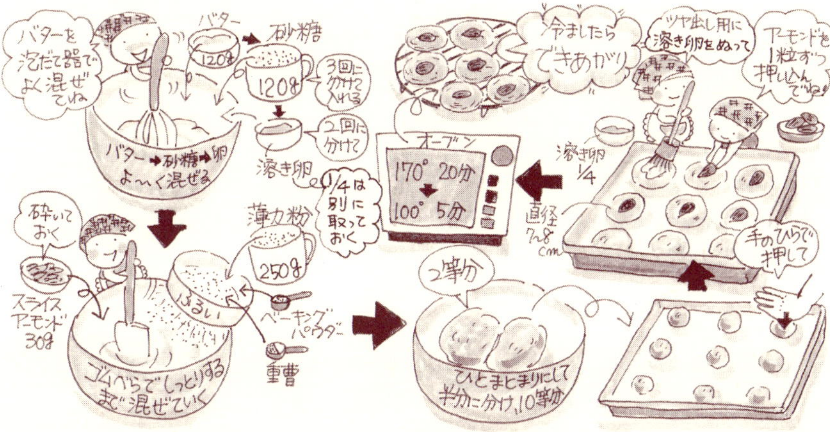

小豆との相性ぴったり

# ココナッツタピオカ小豆

【材料】2 人分

大粒のタピオカ 50 g（もどしておく）／ココナッツミルクカップ 1（パウダーの場合、50 g をカップ 3/4 の湯で溶かしておく）／ゆで小豆カップ 2/3

〈作り方〉

ボウルにゆで小豆、ココナッツミルクを入れてよく混ぜたら、タピオカを加えて冷やしてできあがり。

**ちょっと一言**

タピオカは中南米を原産とするキャッサバという植物の根のでんぷんを粒にしたもので、タイ、ブラジル産などがあり、粒も大小あるので好みで使い分けます。煮てもどすのにとても時間がかかるので、たっぷりの水に一晩つけてからゆでると早くできあがります。一晩つけたタピオカは、たっぷりの湯に入れて沸騰させ、コトコト弱火で煮ます。周りが透明になって中心の白い部分が小さくなったら、ザルにあけ冷水でよく洗います。食べて中が固かったらゆで不足です。

タピオカは、デパート、製菓材料店、エスニックレストランや雑貨店などで手に入ります。

和のテイストを加えて

# タピオカ抹茶オレ

【材料】2～3 人分

砂糖大さじ 3／抹茶小さじ 2／湯大さじ 2／＊牛乳またはココナッツミルクカップ 1.5（パウダーの場合、75 g をカップ 1 強の湯で溶いておく）／好みのタピオカ 30 g（もどしておく）

〈作り方〉

①ボウルで砂糖、抹茶をよく混ぜてから湯で溶いて茶こしでこす。

②①に牛乳かココナッツミルクを入れ、冷やしたらタピオカを加えてできあがり。

アジアのおやつ
タイ

古くからあるタイのデザート

# カボチャココナッツミルク煮

【材料】4〜5人分

カボチャ250〜300g（中1/4個くらい）／ココナッツミルク240cc（ココナッツパウダー60gを湯180ccで溶かしたもの）／砂糖カップ1/4〜1/3／塩ひとつまみ

〈作り方〉

①カボチャは8割がた皮をむき、種を取ったら1〜2cm角のサイコロ状に切る。

②鍋にココナッツミルクとカボチャを入れ、しばらくコトコト煮たら途中で砂糖、塩も加える。

③柔らかくなるまで煮てできあがり。

**ちょっと一言**

- 暑い国のデザートなので甘味が強いのが特徴です。好みの甘さに調節してください。
- ココナッツはココヤシの実で熱帯地方ではどこでも見られる果実です。未熟果のココヤシをしぼった液がココナッツミルクです。液状のものを缶詰めにしたり、パウダーにしたりして売られています。必要な分だけ使いやすいのはパウダーです。その場合パウダーの約3倍量のお湯で溶かして使います。たとえば、パウダー50gを湯150ccで溶かすと200ccのココナッツミルクができます。
- ココナッツミルクやパウダーは、デパートや製菓材料店、エスニックレストランや雑貨店などで手に入ります。

## フルーツを飾ってトロピカルに

# ココナッツゼリー

【材料】プリン型 4〜5 個分

ゼリー…＊牛乳 100 cc（カップ 1/2）／砂糖大さじ 1／粉ゼラチン小さじ 2（大さじ 1 の水でふやかしておく）／ココナッツミルク 100〜120 cc（パウダーの場合、30 g を 90〜100 cc の湯で溶いておく）　好みの果物適宜

シロップ…水 100 cc（カップ 1/2）／砂糖大さじ 5／ライムかレモンのしぼり汁 1/2 個分

〈作り方〉

①鍋に牛乳、砂糖を入れてひと煮たちさせたら火を止め、ふやかしたゼラチンを加えてよく混ぜ溶かす。

②①にココナッツミルクを加え、一度こし、プリン型に流して冷蔵庫で冷やし固める。

③小鍋に水と砂糖を入れて煮たて、冷ましたところにライムかレモンのしぼり汁を加え、シロップを作る。

④器にゼリーを出したらフルーツなど飾り、上からシロップをかけていただく。

アジアのおやつ
マレーシア

## 超簡単！南国の味

# マレーシア風カステラ

【材料】直径 15～16 cm くらいの金ザル 1 つ分（ぬれぶきんを敷き込んでおく）

A…＊薄力粉 60 g（カップ 3/5）／コーンスターチ大さじ 1／三温糖またはキビ砂糖 90 g（大さじ 8 強）　B…＊卵中 1.5～2 個／＊牛乳大さじ 1

植物油大さじ 3～4／ベーキングパウダー小さじ 1/2／重曹小さじ 1/4（加えるときに水小さじ 1/2 で溶き入れる）

〈作り方〉

①A をボウルにふるい入れ泡だて器でよく混ぜてから、B を加えてさらによく混ぜる。

②ラップでふたをして 3 時間～一晩休ませる。

③②に油を加えて 1～2 分よく混ぜ、ベーキングパウダーを加えて混ぜ、次に水で溶いた重曹も加えてよく混ぜる。

④用意した金ザルの型に③を流し入れ、蒸し器にたっぷりの湯を沸かし、強火で 20～25 分蒸す。真ん中に竹串を刺して生地がつかなければできあがり。

⑤網などに取り出しふきんを外す。熱いので火傷に注意。

### ちょっと一言

- ふきんではなく蒸し物にも使えるオーブンペーパーでも代用可能。金ザルがなければ、ケーキ型で代用したり、プリン型などで小さく作っても楽しめます。
- アツアツでも、冷めてもおいしいです。冷蔵庫で 1 週間くらい日もちします。

香りたつ甘さがやさしい

# チャイ

【材料】3～4 人分

カルダモン 5 粒／しょうが大 1 片／水カップ 2／紅茶の葉大さじ 3／＊牛乳カップ 2／砂糖大さじ 4～5

〈作り方〉

①カルダモンは皮をむき種を取り出す。しょうがはみじん切りにする。

②鍋に水を入れ火にかけて沸騰したら、茶葉としょうがを加えて煮たてる。色がしっかり出たら、牛乳とカルダモンを加える。

③煮たったら砂糖を加えて溶かし、火からおろす。

④茶こしでこして、カップに注ぐ。

**ちょっと一言**

カルダモンは、しょうが科の植物で香辛料として好まれています。デパートや製菓材料店、エスニックレストランや雑貨店で手に入ります。

気分爽快のさわやかなお茶

# ミントティー

【材料】3 人分

ミントの葉 20 g／砂糖 80～100 g（カップ 3/4 弱～1 弱）／水カップ 1／飾り用ミントの葉少々

〈作り方〉

①鍋にミントの葉、砂糖、水を入れて火にかけ、ひと煮たちしたら火からおろし、そのまま約 10 分置く。

②①を茶こしでこし、氷を入れたグラスに注ぎ、ミントの葉を飾る。

**ちょっと一言**

白ワインを少し入れてもおいしいです。

ミントの葉は、スーパーの香辛料売り場でたいてい手に入ります。

アジアのおやつ
ネパール

## ヨーグルトと季節の果物で作るヘルシードリンク

# ラッシー2種

★ストロベリーラッシー

【材料】3人分

＊ヨーグルトカップ1／冷水カップ1/2／＊牛乳カップ1/2／イチゴ6～8粒／砂糖大さじ1～好みで

〈作り方〉

①ミキサーに材料を全部入れ、8～10秒間混ぜたら、できあがり。

★アップルラッシー

【材料】3人分

＊ヨーグルトカップ1／アップルジュースカップ1

〈作り方〉

①ミキサーに材料を全部入れ、混ざり合うまで10秒くらい混ぜる。冷たくしていただく。

### ちょっと一言

乳酸菌を含むヨーグルトは便秘解消、腸の善玉菌を増やす、と注目の食品です。季節の果物で手作りジュースを作り、ラッシーにしてもいいですね。いろいろな果物で試してみてください。

●参考文献

朝日新聞学芸部『おばあちゃんのおやつ』朝日新聞社、1986年。
うめ子ヌアラナント・安武津『タイ家庭料理入門――ヘルシー&エスニック はじめての一品から本格ディナーまで』農山漁村文化協会、1991年。
河津由美子『自然の恵みのやさしいおやつ』コモンズ、2001年。
中城裕美『私の和菓子』主婦と生活社、1987年。
春山みどり『いつものおやつ――Recipes for tea time』日本ヴォーグ社、1992年。
柳瀬久美子『おいしい和のスウィーツ』成美堂出版、2003年。
山田英美『ネパール家庭料理入門――日常食ダル・バートから祭礼食マスゥ・マッツァまで』農山漁村文化協会、1995年。
魯眞和『家庭でつくる本場の味!! 韓国料理』ハンリム出版社、1987年。
『カレー大全科』グラフ社、2000年。
『きょうの料理』NHK出版、各号。
『食材図典』小学館、1995年。
『手作りおやつ』暮しの手帖別冊、2002年。

〈執筆者紹介〉
河津由美子（かわづ・ゆみこ）
1948 年　東京都生まれ。
1972 年　日本大学芸術学部卒業。
現　在　お菓子工房くうぷ主宰。
お菓子作りは、子どものころからの趣味で、結婚後、本格的に習い始める。ヘルシーで季節感のある和菓子にひかれて、いまは和菓子中心に勉強。簡単にできてヘルシーがモットー。不定期で料理・お菓子教室を開いたり、カルチャーセンターなどで教えている。
連絡先　〒193-0833　東京都八王子市めじろ台 2-31-11
電話 042-665-2470　FAX 042-665-2434

〈シリーズ〉安全な暮らしを創る 14

# 郷土の恵みの和のおやつ

2006年 6 月 5 日●初版発行

著者●河津由美子



発行者●大江正章
発行所●コモンズ
東京都新宿区下落合 1-5-10-1002
☎03-5386-6972 FAX03-5386-6945
振替　00110-5-400120

info@commonsonline.co.jp
http://www.commonsonline.co.jp/

企画・編集／高石洋子
印刷／東京創文社　製本／東京美術紙工
乱丁・落丁はお取り替えいたします。

ISBN 4-86187-024-0　C 5077

## ◆コモンズの本とビデオ◆

| | | |
|---|---|---|
| 安ければ、それでいいのか!? | 山下惣一編著 | 1500円 |
| 食卓に毒菜がやってきた | 瀧井宏臣 | 1500円 |
| 地球買いモノ白書 | どこからどこへ研究会 | 1300円 |
| 感じる食育 楽しい食育 | サカイ優佳子・田平恵美 | 1400円 |
| パンを耕した男 蘇れ穀物の精 | 渥美京子 | 1600円 |
| 食べものと農業はおカネだけでは測れない | 中島紀一 | 1700円 |
| 〈増補3訂〉健康な住まいを手に入れる本 | 小若順一・高橋元・相根昭典編著 | 2200円 |
| 買ってもよい化粧品 買ってはいけない化粧品 | 境野米子 | 1100円 |
| 肌がキレイになる!! 化粧品選び | 境野米子 | 1300円 |

〈シリーズ〉安全な暮らしを創る

| | | | |
|---|---|---|---|
| 2 | 環境ホルモンの避け方 | 天笠啓祐 | 1300円 |
| 3 | ダイオキシンの原因《もと》を断つ | 槌田博 | 1300円 |
| 4 | 知って得する食べものの話 | 『生活と自治』編集委員会編 | 1300円 |
| 5 | エコ・エコ料理とごみゼロ生活 | 早野久子 | 1400円 |
| 6 | 遺伝子操作食品の避け方 | 小若順一ほか | 1300円 |
| 7 | 危ない生命操作食品 | 天笠啓祐 | 1400円 |
| 8 | 自然の恵みのやさしいおやつ | 河津由美子 | 1350円 |
| 9 | 食べることが楽しくなるアトピッ子料理ガイド | アトピッ子地球の子ネットワーク | 1400円 |
| 10 | 遺伝子組み換え食品の表示と規制 | 天笠啓祐編著 | 1300円 |
| 11 | 危ない電磁波から身を守る本 | 植田武智 | 1400円 |
| 12 | そのおもちゃ安全ですか | 深沢三穂子 | 1400円 |
| 13 | 危ない健康食品から身を守る本 | 植田武智 | 1400円 |

| | | |
|---|---|---|
| 〈ビデオ〉不安な遺伝子操作食品 | 小若順一制作・天笠啓祐協力 | 15000円 |
| 〈ビデオ〉ポストハーベスト農薬汚染 | 小若順一 | 12000円 |
| 〈ビデオ〉ポストハーベスト農薬汚染2 | 小若順一 | 15000円 |

価格は税抜き